연봉이 달라지는
실전 보고서 작성법

WRITE SMART,
WORK LESS AND BETTER.

AI 활용법, 리서치, PPT 발표까지 한 권으로 끝내는 상위 1%의 보고 스킬 ○ ○ ○

연봉이 달라지는 실전 보고서 작성법

김영롱 지음

보고서 못 쓰는
사람의 4가지 유형

"○○씨, 그때 말한 보고서는 어떻게 되어가요?"

많은 직장인에게 피할 수 없는 숙명과도 같은 보고서. 어느 부서에서 어떤 직급을 맡든 한 번은 꼭 쓰게 되는 것이 바로 보고서다. 누구나 써야 하지만, 모두가 잘 쓰기는 쉽지 않다. 상사로부터 보고서를 써달라는 요청이 들어오면 오만 가지 생각이 들면서 막막해지는 경우가 부지기수다.

'자료는 어디서 찾지? 보고서 분량이랑 양식은 어떻게 하고? 도무지 아이디어가 떠오르지 않아… 어떻게 하면 좋지?'

이렇듯 우리 직장인은 보고서 작업을 마주하면서 늘 많은 스트레스를 받는다. 도대체 왜 이렇게 보고서를 쓰는 것이 어려울까? 그리고 우리가 열심히 쓴 보고서는 왜 계속 퇴짜를 맞는 걸까? 이유는 다음 4가지 중 하나다.

① **헛다리:** 맥을 잘못 짚고 결이 맞지 않는 보고서를 만든다
② **알맹이 없음:** 적절한 분석과 메시지를 도출하지 못한다
③ **서툰 손:** 보고서 작성에 필요한 기본 스킬이 부족하다
④ **서툰 입:** 잘 만들어놓고 제대로 전달하지 못한다

첫 번째는 '헛다리'다. 맥을 잘못 짚고 회사나 상사가 원하는 결에 맞지 않는 보고서를 만들어버리는 경우다. 며칠, 몇 주, 혹은 몇 달을 걸려서 보고서를 만들었는데 막판에 가서 갑자기 내용을 전부 바꿔야 하는 상황은 누구나 피하고 싶을 것이다. '헛다리'를 피하기 위해서는 내가 보고를 하는 대상이 누구이며 그 사람이 어떤 맥락에서 정확히 어떤 문제를 겪고 있고, 어떤 결과물을 원하는지를 잘 파악해야 한다. 그럼 보고서 작성 전에 회사, 상사 혹은 보고서를 의뢰한 고객의 마음을 정확하고 빠르게 읽어낼 방법은 없을까? 이런 고민을 하는 사람들을 위해 '보고서 달인'이 될 수 있는 3가지 요령을 1장에서 알아볼 것이다.

두 번째는 '알맹이 없음'이다. 말 그대로 겉으로만 그럴싸하고 알맹이는 없는 보고서를 쓰는 경우다. 겉보기에는 디자인도 깔끔하고, 이런저런 데이터나 차트도 많이 들어가 있고, 분량도 적

지 않아 많은 노력을 들인 것 같은데 무언가 내용이 많이 부족하다는 느낌이 드는 유형이다. 이러한 문제는 주로 적절한 데이터가 수집되지 않았거나, 데이터는 있는데 완전히 잘못 해석했거나, 결정적으로 유의미한 아이디어나 솔루션을 도출하지 못했을 때 발생한다. 겉만 번지르르한 알맹이 없는 문서를 최대한 피하고 나만의 '킬러 메시지'를 만들 수 있는 기본 원칙부터 실무에 적용할 수 있는 예시와 노하우를 2장에 담았다.

세 번째는 '서툰 손'이다. 상대방이 원하는 것도 잘 파악했고 리서치와 분석도 잘했고 아이디어도 좋은데, 오로지 이를 잘 정리하고 도식화하는 요령이 부족해서 생기는 문제다. 분명 맛은 있는데, 생긴 게 묘하게 입맛 떨어지는 요리와 같은 느낌을 주는 것이다. 남들은 하루 이틀이면 만드는 보고서를 혼자 일주일 넘게 붙잡고 끙끙거리는 경우가 여기에 속한다. 무엇을 해도 둔탁한 '곰손'에서 벗어나서 손맛 좋은 직장인으로 다시 태어날 수 있는 요령과 핵심 스킬을 3장에서 알아볼 예정이다.

마지막 네 번째는 '서툰 입'이다. 아이디어도 괜찮고 자료도 잘 만들었는데 정작 보고 자리에서 제대로 전달하지 못하는 경우다. 많은 시간을 공들여 만든 내 보고서가 마지막 한 땀이 부족해서 용두사미가 되는 일은 피해야 하지 않을까? 누구나 자신감을 가지고 좋은 발표를 할 수 있는 최종 보고의 3가지 원칙을 4장에서 함께 살펴보자.

더불어 최근 빠르게 부상하고 있는 AI를 보고서 작업에 어떻게 활용할 수 있는지에 대해서도 정리해두었다. 'AI가 좋다고는 하는데, 그래서 내 업무에 언제, 어떻게 쓰면 되지?'라는 고민이 든다면 5장을 참고하길 바란다. 리서치, 요약·정리, PPT 작성, 엑셀 함수, 이미지 생성, 번역 등 실제 업무에 바로 적용 가능한 AI 사용법들이 기다리고 있다.

이 외에도 우리는 보고서를 쓰면서 다양한 어려움을 겪는다. 세상 모든 일은 사람마다 다르고 케이스마다 다르다고 하지만 각 상황별로 참고할 수 있는 적절한 대처법도 다루고자 한다. 부정적인 결과를 보고해야 할 때, 불가능한 일정을 요구받을 때, 필요한 자료나 도움을 받는 데 도통 협조해주지 않는 다른 부서를 마주할 때 등 여러 상황에서의 대처법도 마지막 6장에서 소개할 예정이다.

이 책을 꼭 순서대로 읽을 필요는 없다. 보고서를 쓸 때 어려움을 겪는 부분은 각자 조금씩 다르다. 누구는 상대방이 무엇을 원하는지 몰라서, 누구는 리서치가 익숙하지 않아서, 누구는 자료 해석이 어려워서, 누구는 툴 사용이 낯설어서, 누구는 사람들 앞에서 발표하는 것이 어렵다는 이유로 보고서 작업을 힘들어한다. 이 책에는 성공적인 보고서 작업을 위한 모든 정보가 들어 있으니, 각자 자신이 현재 무엇 때문에 가장 힘든지 생각해보고 그 부분을 먼저 읽기를 권한다.

직장 생활에서 보고서는 흔히 '업무의 꽃'이라 불린다. 보고서는 작게 보면 단순한 문서나 커뮤니케이션 수단이지만 사실은 더 큰 의미가 있다. 보고서에는 문서를 작성한 사람의 생각과 아이디어, 상황을 바라보는 관점과 문제 해결 능력이 고스란히 담기기 때문이다. 보고서를 제대로 쓰는 사람은 보고서를 작성하는 과정에서 생각과 아이디어를 날카롭게 가다듬고, 보다 완성도 높은 실행의 기반을 미리 마련한다. 보고서는 업무의 결과물이기도 하지만 작성자의 역량이 자연스럽게 드러나는 평가 지표이기도 한 것이다.

보고서 쓰는 게 어려워 이 책을 펼쳤다면, 앞서 정리한 4가지 유형 중 자신이 어디에 속하는지를 먼저 파악하고 유형별 솔루션을 업무에 꼭 적용해보길 바란다. 바로 다음 페이지에 자가진단표가 준비되어 있으니 이를 활용하는 것도 방법이다. 이 책을 통해 모두가 더 똑똑하게 일하고, 성공적인 보고서를 써서, 보다 인정받는 직장인이 되기를!

보고서 마스터
김영롱

나는 왜 오늘도
보고서 때문에 밤을 새는 걸까?

질문에 해당하는 답을 따라 진행하세요. (Y) 예 (N) 아니오

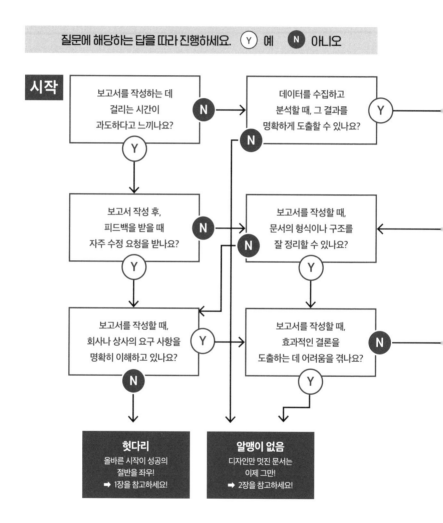

시작

보고서를 작성하는 데
걸리는 시간이
과도하다고 느끼나요?

데이터를 수집하고
분석할 때, 그 결과를
명확하게 도출할 수 있나요?

보고서 작성 후,
피드백을 받을 때
자주 수정 요청을 받나요?

보고서를 작성할 때,
문서의 형식이나 구조를
잘 정리할 수 있나요?

보고서를 작성할 때,
회사나 상사의 요구 사항을
명확히 이해하고 있나요?

보고서를 작성할 때,
효과적인 결론을
도출하는 데 어려움을 겪나요?

헛다리
올바른 시작이 성공의
절반을 좌우!
➡ 1장을 참고하세요!

알맹이 없음
디자인만 멋진 문서는
이제 그만!
➡ 2장을 참고하세요!

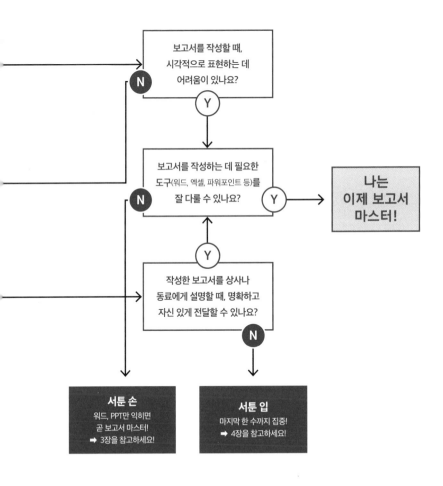

보고서를 작성할 때,
시각적으로 표현하는 데
어려움이 있나요?

N

Y

보고서를 작성하는 데 필요한
도구(워드, 엑셀, 파워포인트 등)를
잘 다룰 수 있나요?

N

Y

나는
이제 보고서
마스터!

Y

작성한 보고서를 상사나
동료에게 설명할 때, 명확하고
자신 있게 전달할 수 있나요?

N

서툰 손
워드, PPT만 익히면
곧 보고서 마스터!
➡ 3장을 참고하세요!

서툰 입
마지막 한 수까지 집중!
➡ 4장을 참고하세요!

● 자가진단 테스트

차례

프롤로그_ 보고서 못 쓰는 사람의 4가지 유형 ················· 005

자가진단 테스트_ 나는 왜 오늘도 보고서 때문에 밤을 새는 걸까? ··········· 010

CHAPTER 1 **보고서는 맥만 제대로 짚으면 끝난다**

연봉 상승을 부르는 보고서 작성 4단계 프로세스 ················· 019

단번에 통과하려면 맥을 제대로 짚어야 한다 ················· 026

(맥 짚기 솔루션1) 최상위 목표를 파악하라 ················· 032

질문으로 '배경, 맥락, 의도' 알아내기 ················· 038

(맥 짚기 솔루션2) 작업 중간중간 동기화를 하라 ················· 044

(맥 짚기 솔루션3) 레버리지를 활용하라 ················· 050

일머리를 키우는 커뮤니케이션 스킬 ················· 054

CHAPTER 2 본질을 꿰뚫는 킬러 메시지 뽑는 법

메시지란 무엇인가: 정보, 경보, 솔루션 ································· 063

당신이 만든 보고서에 알맹이가 없는 이유 ························· 071

(메시지 뽑기 솔루션 1) 적절한 리서치 ································ 076

일 잘하는 사람들의 사고방식, 가설적 접근 ······················ 082

리서치 기술 ①: 문헌 조사 ·· 089

리서치 기술 ②: 소비자 조사 ··· 093

리서치 기술 ③: 전문가 인터뷰 ······································ 101

필요한 정보만 쏙! 재무제표 정복하기 ····························· 105

(메시지 뽑기 솔루션 2) 생각의 정리 ································· 114

(메시지 뽑기 솔루션 3) 올바른 분석과 의견 제시 ················ 121

보고서를 산으로 보내는 3가지 함정 ································ 128

CHAPTER 3 2배 빨리 완성하는 보고서 작성 스킬

보고서, 내용만큼이나 포장하는 것도 중요하다 ··················· 143

보기 좋은 보고서가 빨리 통과된다 ································· 148

(보고서 작성 실전 1) 워드형 보고서 ································ 151

(보고서 작성 실전 2) 슬라이드형 보고서 ·························· 159

차트를 사용한 시각화와 레이아웃 팁 ······························ 167

양식과 분량이 고민된다면? ·· 182

CHAPTER 4 용두사미는 없다! 100% 성공하는 최종 보고·발표

최종 보고, 끝내기의 순간 ·································· 189

망하지 않는 최종 보고의 3가지 원칙 ·················· 192

(최종 보고 원칙 1) 프리와이어 ····························· 197

(최종 보고 원칙 2) 결론 먼저 ····························· 202

(최종 보고 원칙 3) 선택지 ······························· 208

프레젠테이션에서 정말로 중요한 것 ···················· 211

CHAPTER 5 AI로 업무 능력 업그레이드하기

리서치가 2배 빨라진다 ································· 217

목차, 정리, 카피라이팅, PPT 작성 과정에 사용하기 ········ 224

엑셀, 데이터 분석 등 무궁무진한 AI 활용법 ·············· 228

이미지 그리기, 번역 등 전문 작업도 손쉽게 ·············· 233

업무에 AI를 활용할 때 생각해볼 문제들 ················· 237

CHAPTER 6 상위 1% 일잘러를 위한 Q&A: 이럴 땐, 이렇게!

부정적인 소식을 보고해야 할 때 ·································· 243

불가능한 일정을 요청받는 경우 ·································· 249

늘 자리를 비우거나 피드백이 늦는 상사 ···················· 254

업무 협조를 잘 해주지 않는 관련 부서 ······················ 257

트렌드를 모르는 상사를 설득하기 힘들다면? ··············· 261

에필로그_ 노력하는 만큼 달라지는 보고서 쓰기의 세계 ·················· 266

부록_ 1페이지 보고서 작성 순서도 ······························· 270

부록_ 만능 템플릿 ··· 271

CHAPTER 1

보고서는 맥만 제대로 짚으면 끝난다

연봉 상승을 부르는 보고서 작성 4단계 프로세스

이야기를 시작하기 전에 간단한 문제를 풀어보자.

Q │ 보고서를 쓸 때 가장 중요한 것은?

① 분량과 양식

② 디자인

③ 리서치

④ 프레임워크

⑤ PPT 실력

골랐다면? 정답을 알아보자. 바로 '답 없음', 즉 '모두 아님'이다.
보고서를 쓰는 데 가장 중요한 것은 분량과 양식, 디자인, 리서치,

프레임워크, PPT 실력, 모두 아니다. 이러한 스킬들은 좋은 보고서를 만들 때 분명히 필요하다. 그러나 가장 중요한 것은 아니다.

그렇다면 보고서를 쓸 때 가장 중요한 것은 무엇일까? 바로 어떤 청자가, 어떤 상황에서, 어떤 결과물을 바라는지 정확히 파악하는 것이다. 상대방이 무엇을 원하는지 제대로 파악하지도 않고 무작정 30~40장짜리 문서 뭉치를 만들어서 냅다 던져서는 안 된다. 정작 상대방이 알고 싶어하는 내용은 없고, 궁금하지 않은 내용만 잔뜩 적혀 있는 서류를 과연 의미 있는 보고서라고 할 수 있을까?

실제로 좋은 반응을 이끌어내지 못하는 보고서, 실패하는 보고서의 절반 이상은 이러한 이유로 갈린다. 짚어야 하는 맥을 못 짚고 엉뚱하게 헛다리를 짚어버리는 것이다. 그리고 그 상태로 1주, 2주 혹은 한 달, 두 달 동안 열심히 쓴 30~40장짜리 보고서를 가지고 간다. 그런데 상대방의 반응은 영 신통치 않고, 열심히 일해온 지난 시간을 부정당하는 것만 같아 무척 속이 상한다. 이런 안타까운 상황을 피하려면 어떻게 해야 할까?

보고서 쓸 때 가장 먼저 해야 할 일

우리나라가 매번 올림픽 시즌만 되면 금메달을 싹쓸이하는 종목인 양궁은 무려 70m의 거리에서 1m가 조금 넘는 크기의 과녁을 맞히는 스포츠다. 우리나라 선수들이 쏘기만 하면 9점, 10점을 명중시키니 쉬워 보이지만 실제로 양궁은 조준이 10mm만 벗어나도 10점이 0점이 되어버리는 매우 어려운 스포츠다. 조준이 잘못되면 남들보다 10배 더 비싼 활에 남들보다 10배 더 좋은 기능성 운동복을 입는다 해도 우승할 수 없다.

우리가 보고서를 작성하는 과정도 양궁과 크게 다르지 않다. 제대로 시작하면 절반은 간다고, 처음에 맥만 잘 짚어도 보고서 작업의 절반은 성공한 것이다. 그렇다면 어떻게 해야 헛다리를 짚지 않고, 정확한 맥락을 파악할 수 있을까? 상사에게 보고서 작성 업무를 받았다고 가정하자. 이때 우리가 가장 먼저 해야 하는 행동은 무엇일까? 이번에도 아래 보기 중에서 답을 골라보자.

**Q | 보고서 작성 업무를 받았을 때
가장 먼저 취해야 하는 행동은?**

① 바로 관련 자료 조사·분석을 진행한다

② 빠르게 파워포인트를 켜고 보고서를 그리기 시작한다

③ 워드나 메모장에 본인의 생각과 아이디어를 정리한다

④ 보고서의 분량과 적절한 디자인·양식을 고민한다

⑤ 너무 힘들다… 주섬주섬 사직서를 꺼낸다

골랐는가? 정답은 이번에도 '답 없음'이다. 많은 사람이 보고서를 쓰는 과제를 받으면 "네!"라고 씩씩하게 대답한 뒤 냅다 자기 자리로 가서 노트북을 열고 PPT를 켠다. 혹은 혼자 자리에서 머리를 싸매고 무언가를 막 적어내려가거나 인터넷으로 관련 내용을 마구 찾아보기 시작한다. 이런 것들은 물론 나중에 보고서를 작성하기 위해 꼭 수행해야 하는 활동들이기는 하다. 하지만 보고서를 작성할 때 가장 먼저 취해야 하는 행동은 아니다. 보고서 쓰는 게 어렵다고 냅다 사직서를 쓰는 것도 너무 아쉽다. 이 책을 다 읽고 나면 지금 겪고 있는 고통이 상당 부분 해결될 것이기 때문이다.

대부분의 경우 보고서를 작성하라는 지시를 받으면 자료 조사, 분량, 양식, 디자인, PPT 작업부터 고민한다. 그러나 순서가 잘못됐다. 보고서 작성에 실패하지 않으려면 보고서 작성이 어떤 단계로 구성되어 있으며, 무엇이 잘못되었을 때 보고서가 실패하는지 잘 알아야 한다. 우리의 보고서가 실패하는 원인과 그 확률을 정리해보자.

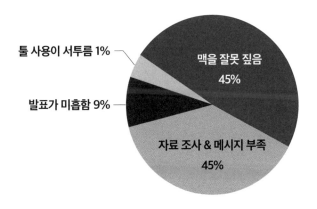

보고서 작성 4단계

다시 문제로 돌아가서, 보고서 작성은 정형화하기 어려운 복잡한 작업처럼 생각되지만, 다음 4단계 접근법을 따르면 누구나 성공적인 보고서를 쓸 수 있다.

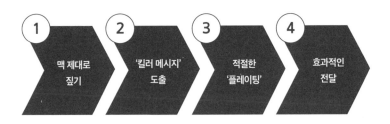

1단계 '맥 제대로 짚기'는 어떤 청자가, 어떤 상황에서, 어떤 결

과물을 바라는지를 정확히 파악하는 것을 의미한다. 이 순서를 제대로 지키지 않거나, 1단계부터 잘못되면 무슨 일이 벌어질까? 요리에 비유하면, 누구를 위해서 언제 어떤 요리를 해야 하는지도 정해지지 않았는데 마트로 달려가 재료부터 사거나(엉뚱한 자료 조사), 어떤 조리도구를 쓸지 고민하거나(파워포인트, 엑셀, 워드 등 툴 고민), 어떤 그릇을 쓸지 고민하거나(양식과 디자인 걱정), 10인분은 만들어야겠다고 생각하는 것(잘못된 분량)과 같다. 한마디로, 밸런타인데이에 연인을 위해 요리하는데 데이트에 전혀 어울리지 않고 연인이 좋아하지 않는 메뉴를 준비해버리는 것이다.

맥을 제대로 잘 짚었다면 그다음으로 해야 할 일은 2단계, 보고서의 '알맹이'를 채우는 일이다. 필요한 자료를 핵심 위주로 잘 수집·분석한 뒤 보고서의 목적에 맞는 적절한 메시지를 도출해내는 것이다. 1단계, 2단계만 제대로 수행되어도 보고서가 실패할 확률을 90%는 줄일 수 있다.

많은 사람이 보고서를 작성하기 전에 '나는 파워포인트 잘 못 다루는데…', '엑셀을 배워야 하나?' 같은 고민을 하는데 사실 이런 부분은 망하는 보고서의 이유 중 1%밖에 되지 않는다. 3단계인 툴 사용은 속도와 편의를 위한 것일 뿐, 보고의 성패를 크게 좌우하지는 않는다. 물론 데드라인도 못 맞출 정도로 툴 사용이 미숙하지는 않아야 한다. 광고, 브랜딩, 크리에이티브 등 일부 산업에서는 툴 사용에 능숙하고, 디자인이 훌륭한 보고서를 만드는 것이 중요할 수 있다. 그러나 일반적으로는, 흔히 '보노보노 PPT'라고 부르는 투박한 디자인으로도 중요한 내용이 잘 담겨있기만 하면 큰 사업을 수주하고 대규모 투자를 이끌어낼 수 있다.

여기까지 1~3단계를 잘 챙겼다면 성공하는 보고서로 가는 길의 9부 능선을 넘었다고 할 수 있다. 하지만 모든 일은 마무리가 중요한 법. 내가 준비한 보고서가 이해관계자에게 잘 전달되어 원하는 결과를 이끌어내려면 최종 보고·발표를 위한 노하우가 필요하다. 4단계인 효과적인 전달에 대해서는 4장에서 좀 더 자세히 알아보자.

결국, 우리가 가장 먼저 해야 할 일은 맥을 제대로 짚는 것이다. 이제 하나씩 살펴보자.

단번에 통과하려면 맥을 제대로 짚어야 한다

맥을 제대로 짚는 것이 왜 중요할까? 보고서를 올릴 때마다 반려를 당하는 A사원의 사례를 한번 살펴보자.

> "팀장님, ○○ 사업부는 지난 분기 10%의 매출 성장률을 달성했습니다. 이는 연초 목표에 근접한 수준입니다. ○○ 사업부의 경쟁사는 지난 분기 30%의 매출 성장률을 보였습니다."
>
> "A님, ○○ 사업부의 매출 성장률이 연초 목표에 근접한 수준이면 충분한 건가요? 경쟁사의 30% 성장률에 비하면 충분하지 않은 것 아닌가요? 경쟁사는 어떻게 그렇게 좋은 실적을 냈나요? A님이 생각하

기에 해당 사업부에 우리가 어떤 가이드를 주면 좋
을 것 같아요?"

"아… 다시 알아보겠습니다."

A사원이 한 번에 보고를 마치지 못하고 추가 작업을 하게 된
이유는 무엇일까? 팀장의 질문에서 알 수 있듯이, 보고받는 사람
의 니즈를 충분히 파악하지 못했기 때문이다. 보고서를 요청하는
배경과 목적에 대한 이해가 부족했고, 보고받는 사람이 궁금한
포인트를 정확하게 짚어내지 못한 상태로 단순 정보 전달에만 그
쳤기 때문에 재차 보완 작업을 해야만 했던 것이다.

이번에는 매번 보고서를 단번에 통과하는 B사원의 사례를 살
펴보자.

"팀장님, ○○ 사업부의 지난 분기 매출 성장률은
10%로 연초 목표에 근접한 수준이나 경쟁사 매출
성장률은 30%를 보였습니다. 시장이 활황을 보이는
가운데 목표 매출 성장률을 달성했음에도 당사 점
유율은 오히려 줄어들고 있어 목표 성장률을 높이
고 경쟁 우위 확보에 좀 더 신경 써야 할 것 같습니
다. 경쟁사가 저희보다 좋은 실적을 보인 데는 ○○,

○○, ○○의 이유가 있고 저희는 이를 고려해서 ○
○, ○○, ○○ 같은 부분들을 강화했으면 합니다.”

“B님, 아주 좋네요. 수고했어요.”

A사원이 추가 작업을 요청받은 것과 비교하면 너무도 대조적이다. B사원은 팀장이 필요로 하는 정보를 잘 정리해서 전달함으로써 한 번에 보고를 마쳤다. A사원과 B사원의 보고에는 왜 이렇게 큰 차이가 있을까? 보고서의 맥을 잘 짚는 것이 중요한 이유가 바로 여기에 있다. A사원, B사원이 각각 보고서 작업을 시작하기 전 팀장과 나눈 대화를 보자.

“A님, ○○ 사업부의 지난 분기 성과에 대해 정리해
주세요.”

“네, 알겠습니다.”

→ **작업 요청에 대한 정확한 니즈를 파악하지 못한 채 일단 시작**

“B님, ○○ 사업부의 지난 분기 성과에 대해 정리해
주세요.”

“팀장님, 혹시 해당 자료의 목적이나 배경에 대해
조금만 더 자세히 설명해주시겠습니까? 단순히 수

치만 확인해서 드리면 되는지, 아니면 그 외에 추가적으로 확인이 필요한 사항이 있을지 알면 도움이 될 것 같습니다."

"아, 사실 경쟁 상황에서 우리가 얼마나 잘하고 있는지가 궁금한데요. 그래서 내부 목표 대비 실적도 중요하지만 경쟁사 실적과도 비교해보고 싶어요. 만약 경쟁사 대비 우리가 잘못하고 있는 부분이 있다면 적절한 가이드나 피드백도 줘야 하고요."

"알겠습니다. 그에 맞춰서 작업해보겠습니다."

→ **팀장의 니즈를 구체적으로 이해한 뒤 작업 시작**

차이가 느껴지는가? B사원이 A사원보다 맥락을 잘 짚고 더 나은 결과물을 낼 수 있었던 이유가 바로 여기에 있다. B사원은 작업을 하기 전에 팀장이 정확히 어떤 배경에서, 어떤 목적을 가지고 해당 작업을 요청하는지 미리 충분히 확인하고 작업을 시작한 것이다. 그래서, 작업 배경에 대한 구체적인 이해 없이 작업을 시작한 A사원과 달리, B사원은 상대방이 원하는 것을 명확하게 잘 정리해서 한 번에 전달할 수 있었다.

보고서는 결국 보고를 받는 사람, 즉 고객이나 상사의 니즈에 맞춰서 작성되어야 한다. 이것을 얼마나 잘해내는지에 따라 보고서의 성패가 크게 갈린다. 단번에 통과하는 것과 그렇지 못한 것은 당연히 효율성에서 차이가 날 수밖에 없다. 그렇다면 처음부터 효율적으로 보고서를 의뢰한 사람의 마음을 잘 읽어내려면 어떻게 해야 할까?

성공적인 보고서를 작성하는 3가지 비법

내가 써야 할 보고서의 맥락과 배경을 보다 정확히 파악하고, 고객이나 상사의 마음을 꿰뚫어볼 수 있는 '보고서 달인'이 되는 방법에는 3가지가 있다. 바로 첫째 '최상위 목표 파악', 둘째 '적절한 중간 동기화', 셋째 '레버리지'다.

'최상위 목표 파악'은 상대방이 어떤 배경과 맥락에서 어떤 결과물을 원하는지를 정확히 이해하는 것이다. 같은 요청, 혹은 비

슷한 요청이라고 하더라도 최상위 목표가 무엇인지에 따라 보고서의 작업 방향은 완전히 달라진다. 앞서 살펴본 A사원과 B사원의 사례를 생각하면 이해하기 쉬울 것이다.

보고서 작업 시작 단계에서 최상위 목표를 잘 파악했다고 하더라도 주기적인 상황 공유와 피드백 청취는 중요하다. 이를 위해 반드시 필요한 것이 바로 '적절한 중간 동기화'다. 내가 지금 작성하고 있는 보고서가 알맞은 방향으로 가고 있는지, 예상치 못한 이슈는 없는지 체크하면서 작업을 단계적으로 진행하면 보고서 성공 확률을 훨씬 높일 수 있다.

'레버리지'란 내게 주어진 인적, 물적 자원을 얼마나 잘 활용하는지에 대한 것이다. 아무리 똑똑하고 일에 능숙한 사람이라고 하더라도 보고서 작업을 하다 보면 막히는 부분이 생기게 마련이다. 이럴 때는 혼자 고민하며 끙끙거릴 필요 없다. 동료, 상사를 포함하여 주변 사람들의 도움을 적절하게 받는다면 손쉽게 돌파구를 찾아낼 수 있다.

그렇다면 최상위 목표 파악, 적절한 중간 동기화, 레버리지를 구체적으로 보고서 작업에 어떻게 활용할 수 있을까? 본격적으로 하나씩 알아보자.

최상위 목표를 파악하라

'최상위 목표'란 무엇일까? 보고서를 쓸 때 가장 먼저 확인해야 할 목표, 말 그대로 해당 보고서 또는 프로젝트의 가장 궁극적인 목적을 말한다. 보고서 작업에서 최상위 목표가 중요한 이유는, 최상위 목표에 따라 실제로 수행해야 하는 일이나 도출해야 하는 메시지, 아이디어가 천차만별로 달라지기 때문이다.

일상에서 "요리 좀 해줘"라는 요청을 받았다고 가정해보자. 우리의 머릿속에는 어떤 생각과 질문이 떠오를까? 짧은 요청이지만, 재료를 구하고 요리를 시작하기 전에 미리 고민하고 확인해야 할 것들이 생각보다 많다. 예를 들어 분위기 있는 데이트를 즐기고 싶은 연인이 "요리 좀 해줘"라고 요청하면 어떨까? 보기에도 화려하고 예쁘게 플레이팅한 음식을 정성스레 대접해야겠다는 생각이 자연스럽게 떠오른다. 메뉴는 파스타나 스테이크 같은 양식이 어울릴 것 같고, 센스 있는 선물과 편지도 함께 전달한다면 더할 나위 없이 좋을 것이다.

정반대의 경우라면 어떨까? 무인도에 갇혀 일주일간 굶은 친구가 있다고 극단적인 상황을 가정해보자. 지난 며칠간 제대로 밥도 물도 먹지 못한 친구가 허겁지겁 나한테 달려와서는 "요리 좀 해줘"라고 하면 어떤 음식을 준비해야 할까? 분위기고 뭐고 일단 아무거나 좋으니까 친구가 쓰러지기 전에 뭐라도 만들어서 먹여야만 할 것이다. 따로 조리하지 않아도 바로 먹을 수 있는 찬밥이나 남은 치킨이 있다면 오히려 더 좋을 것이다.

분위기 있는 데이트를 즐기고 싶은 연인:

"요리 좀 해줘."

→ 세련된 분위기에서 너의 정성이 담긴 예쁜 음식을 먹고 싶어.

무인도에 갇혀 일주일간 굶다 살아난 친구:

"요리 좀 해줘."

→ 아무거나 좋으니까 쓰러지기 전에 뭐라도 줘.

"요리 좀 해줘"라는 간단한 요청에도 상황이 어떤지에 따라서 우리가 해야 할 일은 극명하게 달라진다. 같은 요청이라도 그 요청을 한 사람의 최상위 목표가 다르기 때문이다. 내게 "요리 좀 해줘"라고 말한 연인의 부탁 뒤에는 '너와 오붓하게 즐거운 시간을 보내고 싶어'라는 최상위 목표가 숨어 있고, 반대로 일주일 동안 굶은 친구가 말한 "요리 좀 해줘"라는 부탁 뒤에는 '나 쓰러질 것 같으니까 얼른 배부터 채우게 해줘'라는 최상위 목표가 숨어 있다.

요청은 같아도 결과물은 달라진다

이렇게 요청 뒤에 숨은 진짜 의미, 최상위 목표가 중요하다는 점은 회사라고 해서 크게 다르지 않다. 아니, 오히려 회사라서 더 중요하다. "보고서 좀 만들어주세요"라고 하는 말 뒤에 숨어 있는 최상위 목표를 제대로 이해하지 못하면 아무리 밤을 새워 열심히 일해도, 아무리 멋지고 그럴듯한 보고서를 만들어도 상사나 회사가 원하는 정확한 니즈를 제대로 채울 수가 없다. 예를 들어 상사가 내게 "회사 소개서 좀 만들어주세요"라는 요청을 했다고 가정해보자. 과연 회사 소개서라고 해서 다 같은 회사 소개서일까? 이역시 최상위 목표가 무엇인지에 따라서 우리가 만들어야 하는 자료의 결, 분량, 양식, 디자인 등이 모두 크게 달라지기 마련이다.

신입 사원 채용을 위해 대학교를 방문하는 상사:

"회사 소개서 좀 만들어주세요."

→ 어린 친구들도 우리 회사의 매력을 느낄 수 있게 쉽고 재밌는 느낌의 디자인이 좋겠어. 너무 복잡하거나 구체적인 내용은 필요 없고, 짧고 간결하면서도 신입 사원들이 끌릴 만한 내용만 핵심적으로 잘 구성해야겠지.

큰 자금 유치를 위해 투자자를 만나는 상사:

"회사 소개서 좀 만들어주세요."

→ 회사의 전반적인 사업 실적이나 시장 동향이 수치와 함께 자세하게 설명되어야 할 것 같아. 경쟁 상황은 어떠하며 우리 회사의 강점은 무엇인지가 전문적으로 잘 설명되면 좋겠어. 분량도 어느 정도 되고 프로페셔널한 디자인이면 더 좋을 것 같아.

예를 들어 신입 사원 채용을 위해 20대 초반의 파릇파릇한 대학생들에게 회사를 소개해야 하는 상황을 가정해보자. 신입 공채에 지원하는 학생들이라면 아직 직장 생활 경험도 거의 없고, 산업에 대한 지식도 많지 않을 것이다. 신입 사원들에게 중요한 것은 회사의 명성, 월급, 복지 그리고 어느 팀에 가서 누구와 일하면서 무슨 일을 배우느냐 등이다.

따라서 이 경우에는 컨설팅 보고서와 같이 지나치게 복잡하고 어렵고 분량도 100장이나 되는 자료를 만들 필요가 없다. 구체적인 산업 동향, 경쟁 상황, 재무 수치도 크게 필요하지 않다.

반대로 우리 회사를 잘 설명할 수 있는 상징적인 성과를 간단히 보여주고 어떤 부서, 어떤 역할로 신입 사원을 채용하고 있는지를 알려주는 것이 더 중요하다. 회사가 자랑하는 몇 가지 복지 사항과 함께 서류 지원, 면접 등 채용 과정의 노하우를 알려주면 더 유익할 것이다. 발표 자료는 처음 접하는 사람도 쉽게 파악하고 이해할 수 있도록 단순하고 간결하게 만들고, 발표 시간에 따라서 적절히 10~20장 정도로 분량을 조절하면 된다.

만약 똑같이 "회사 소개서 좀 만들어주세요"라는 요청을 받았는데 회사의 중요한 투자 유치가 목적이라면 이야기가 완전히 달라진다. 이 자료를 보는 대상은 풋풋한 대학생이 아니라 적어도 수십억 원, 많으면 수백억에서 수천억 원의 자금을 집행하는 전문적인 금융기관이나 기업이기 때문이다.

중요한 의사결정을 하는 데 기반 자료가 되는 만큼 이때의 회사 소개서는 상당한 전문성과 구체성, 논리성을 요구한다. 투자

자들이 회사 상황을 잘 이해할 수 있도록 다소 복잡하고 어렵더라도 중요한 시장 동향, 경쟁 상황, 재무 수치 등을 모두 설명해 줘야 하며 경우에 따라서는 처음부터 끝까지 모두 영어로 만들어야 할 수도 있다. 분량도 10~20장으로는 대개 부족하며 적어도 40~50장, 많으면 100장 이상 방대한 자료를 준비해야 한다. 디자인도 깔끔하면서도 프로페셔널한 느낌을 충분히 낼 정도로 완성도에 신경을 써야 한다. 특히 줄 맞춤과 띄어쓰기, 맞춤법 같은 것들이 틀리면 자료의 신뢰도나 회사 이미지에 큰 타격을 줄 수 있기 때문에 세세한 부분도 꼼꼼하게 챙겨야 할 것이다.

이렇듯 같은 요청이 들어와도 최상위 목표에 따라 우리가 해야할 일은 완전히 달라진다. "보고서 좀 써주세요"라고 하는 간단한 요청 뒤에 숨어 있는 함의와 최상위 목표를 이해하는 것이 보고서 작성에서 가장 중요한 이유도 바로 이 때문이다. 우리 회사에서 첫 커리어를 시작하고 싶어하는 풋풋한 대학생 친구들에게 너무 어렵고 복잡하고 외부로 누설해서는 안 되는 산업 기밀이나 재무 수치를 공개하거나, 수백억 원을 집행하려는 투자자에게 회사의 복지나 채용 프로세스만 잔뜩 설명하는 우를 범해서는 안된다.

질문으로 '배경, 맥락, 의도' 알아내기

그렇다면 어떻게 최상위 목표를 잘 파악할 수 있을까? 가장 중요한 것은 바로 해당 보고서 또는 해당 프로젝트가 발제된 배경과 맥락에 대해 사전에 충분히 질문하는 것이다. 특히 회사 또는 상사가 가지고 있는 구체적인 의도를 정확히 파악하는 것이 중요하다. "보고서 좀 써주세요"라는 요청을 받자마자 바로 책상에 달려가 구글 창과 파워포인트를 켜는 대신, 더듬이를 뾰족하게 세우고 필요한 것을 미리미리 꼼꼼하게 체크하는 것이다. 예를 들어 다음과 같은 요청을 받은 상황을 가정해보자.

> "회사가 해외 진출을 고민 중인데 관련해서 조사 좀 해주세요."

말 그대로 회사의 해외 진출과 관련해 조사하고 분석한 내용을 보고서의 형태로 정리해달라는 요청이다. 작업을 시작하기 전 우리가 반드시 확인해야 하는 사항은 다음과 같다.

- 보고서를 요청하게 된 배경이 무엇인가?
- 해당 신사업을 검토하는 이유가 따로 있는가?
- 염두에 둔 국가, 제품, 진출 방식 등이 있는가?
- 벤치마킹으로 생각하는 업체가 있는가?
- 그 외 특별히 궁금한 점이 있는가?

'회사의 해외 진출과 관련된 보고서'라는 요청에는 부족한 정보가 너무 많다. 왜 갑자기 해외 진출을 하고 싶어하는지, 해외 진출과 관련해서 정확히 어떤 부분을 조사해달라는 것인지 확실하지 않기 때문이다. 경우에 따라서는 이미 상사나 회사가 염두에 두고 있는 국가나 제품, 진출 방식 등이 있을 수도 있다. 혹은 다른 업계 사람들과 이야기를 하다가 "요즘 ○○ 회사가 해외 사업을 통해 재미 좀 보고 있대"라는 이야기를 듣고 그 회사는 어떻게 해외 사업을 전개해서 어떤 성과를 내고 있는지, 우리도 차용할 만한 게 있는지 등이 궁금할 수도 있다. 그리고 단순 매출 확대를 위해서라면 국내에서 신사업을 전개하는 방법도 있을 텐데 왜 하필 해외 진출을 생각하는지도 확인할 필요가 있다. 이렇게 작업을 시작하기 전 미리 적절한 질문을 하면 다음과 같은 맥락과 배경을 알 수 있다.

상사의 속마음:

- A업체, B업체와 관련된 이야기를 많이 들어서, 두 업체에 대해 좀 더 자세히 조사하길 원함
- 요즘 미국과 일본 시장에서 성공하는 사례가 많이 나오고 있어서 특히 궁금함
- 해외 진출 경험이 없어서 다른 회사의 사례를 알고 싶음

만일 최상위 목표를 제대로 파악하지 않은 채 무작정 일을 시작했다면 무슨 일이 일어났을까? 아마 세상에 존재하는 수많은 국가와 기업의 사례를 일일이 찾아보았을 것이다. 회사가 전혀 관심 없는 국가나 기업에 대해서 조사하면서 상당한 시간을 낭비할 뻔했다. 그런데 몇 가지 간단한 질문을 통해 상사의 속마음을 미리 확인함으로써 우리가 조사해야 하는 대상을 미국과 일본, A업체와 B업체로 좁힐 수 있게 된 것이다.

이 외에도 기본적으로 항상 체크해야 하는 항목들이 있다.

"어떤 분께 언제 어떻게 보고드리면 될까요? 관련해
서 기존에 조사했거나 작업한 것이 있을까요?"

바로 보고 대상과 작업 기간이다. 또 기존에 이미 조사한 자료
나 작업물이 있는지도 꼭 확인해야 한다.

"대표님이나 경영진에 보고할 건 아니니까 저한테
모레 정도까지 가볍게 공유해주면 좋겠어요. ○○
님이 비슷한 조사를 한 적이 있는데 그 자료를 한번
확인해봐도 좋을 것 같아요."

이렇게 우리는 상사를 대상으로 2~3일 내에 작성해야 하는 팀
내 커뮤니케이션용 보고서라는 것을 알게 되었다. 이제 우리는
미국, 일본 시장 진출과 관련하여 A업체, B업체의 성공 사례를 중
심으로 조사를 진행한 뒤 이를 핵심 정보 중심으로 빠르게 정리해
서 상사에게 전달하면 되는 것이다. 화려한 디자인의 30~40장짜
리 PPT 슬라이드보다는 워드 1~2장 정도로 간결하게 정리한 보
고서가 낫겠다는 생각도 든다. 해외 진출과 관련된 무한한 정보
를 모두 찾는 대신, 다른 업체의 해외 진출 성공 사례를 중심으로
조사 범위가 줄었으니 보다 효율적인 리서치가 가능해졌다.

회사가 해외 진출을 고민 중인데 관련해서 조사 좀 해주세요.

→

모레까지 저에게 미국, 일본 시장에 A업체, B업체가 어떻게 진출했는지 가볍게 알려주세요.

요청을 명료하게 파악하면 90%는 성공이다

보고서를 작성할 때는 사전에 각자가 처한 상황에 따라 업무의 범위와 방향을 명확히 하는 사전 질문을 그때그때 적절히 생각해내는 것이 중요하다. 이 과정을 얼마나 잘하느냐에 따라 한 달 걸릴 일이 일주일짜리가 될 수 있고, 똑같이 일주일이 걸리더라도 훨씬 더 수준 높은 결과물을 낼 가능성이 높아진다.

맥킨지앤컴퍼니, 보스턴컨설팅그룹, 베인앤컴퍼니 같은 세계적인 경영 컨설팅 회사에서는 이 과정을 '명료화(Clarification)'라고 부른다. 이 기업들은 신입을 채용할 때 4~5번에 걸쳐 '케이스 인터뷰'라는 것을 진행한다. 이때 면접관들은 지원자에게 비즈니스와 관련된 가상의 문제 상황을 제시하고 지원자들은 이에 대해 30~40분 만에 답변해야 한다. 인터뷰에서는 보통 "A라는 철강기업의 신사업 성과가 부진한데 어떻게 하면 좋을까요?", "B투자 전문사가 C기업을 인수하려는데 어떻게 생각하나요?" 등 의사결정과 관련된 어려운 경영 문제가 던져진다. 30~40분 만에 생각해서 답하기에는 복잡하게 느껴진다. 이러한 상황에서 빛을 발하는 것이 바로 명료화다.

질문의 난이도가 높다 보니 경영과 비즈니스에 대한 지식이 많아야 할 것 같지만, 그 누구도 세상의 모든 산업과 비즈니스, 기업에 대해 알 수는 없다. 중요한 것은 상대방이 정확히 어떤 상황에 있고, 구체적으로 어떤 문제에 대한 답을 얻기를 원하는지 잘 찾아가는 것이다. 실제 면접에서도 얼마나 많은 지식을 가지고 있는지보다는, 초반에 명료화를 얼마나 잘했는지에 따라 당락의 90%가 결정된다.

우리의 보고서도 마찬가지다. 모든 보고서 작업은 적절한 명료화를 통해 최상위 목표를 잘 파악하고, 얼마나 업무의 방향성과 범위를 잘 설정했는지가 성패의 90%를 결정한다.

작업 중간중간 동기화를 하라

올바른 명료화 과정을 통해 최상위 목표를 잘 파악했다면 가장 큰 산을 넘은 것이나 다름없다. 하지만 이는 어디까지나 전체 과정에서 가장 중요한 시작일 뿐, 제대로 된 보고서를 손에 얻기까지는 아직 갈 길이 멀다.

이를테면 이런 경우가 있다. 과제가 주어진 초반에는 회사나 상사와 잘 커뮤니케이션해놓고는 정작 업무가 진행되는 중간에는 추가로 대화나 소통을 하지 않는 것이다. 혼자서 자료를 찾고, 분석하고, 워드나 PPT로 정리하느라 정신이 없다. 그리고 보고서를 다 만들고 나서야 결과물을 공유한다. 겉으로 보기에는 이상한 점이 없다. 하지만 이렇게 일을 진행할 때 어떤 문제가 생길 수 있을까?

보고서 작업을 할 때는 초반에 명료화를 통해 최상위 목표를 잘 파악했다고 하더라도 중간중간 작업을 지시한 사람과 적절히 동기화하는 것이 중요하다. 왜 그럴까? 우주 영화를 예로 들어 그 이유를 살펴보자. 우주선이 사방팔방으로 계속 가스를 뿜어내며 조금씩 궤도를 수정하는 영화 장면을 한 번쯤 봤을 것이다. 우주선을 발사하기 전, 세상에서 가장 똑똑하고 수학도 잘하는 사람들이 모여 여러 번 계산하고 시뮬레이션 돌린 뒤 최적의 경로를 찾아낸다. 하지만 아무리 최선을 다해 준비했다 하더라도 예상 경로는 100% 완벽하지 않을 수 있고 예상치 못한 일이 생기거나 계획이 변경될 때도 있다. 따라서 우주에서 날아가는 중간중간 제대로 길을 가고 있는지를 점검하고, 필요에 따라 조금씩 궤도를 수정해줘야 원하는 목적지에 이상 없이 도착할 수 있다.

보고서를 작성하는 과정도 이와 크게 다르지 않다. 최상위 목표를 잘 파악하고 업무 방향성과 범위를 구체적으로 정의했다고 하더라도, 계속 무전기로 소통하고 궤도를 수정하면서 목표를 향해 한 단계씩 나아가야 하는 것이다. 초반에 아무리 명료화를 잘했다고 하더라도 업무를 진행하다 보면 주변 상황이 바뀔 수도 있고, 예상치 못한 변수가 튀어나오는 경우도 있다. 때로는 보고서 작업 중 새로 얻은 정보와 지식으로 생각이 발전되기도 한다. 그래서 보고서 작업을 할 때는 항상 상사와 중간중간 적절히 동기화하는 과정이 필요하다.

머리를 자르러 미용실에 간 상황을 생각해보자. 우리는 보통 마음에 드는 스타일에 대해 이런저런 설명을 하거나 "요즘 유행하는 ○○컷 해주세요"라고 요청하곤 한다. 그러면 미용사는 추가로 질문들을 던지면서 고객이 원하는 스타일이 정확히 무엇인지, 어떤 느낌을 원하는지, 연예인 사진을 보고 오지는 않았는지 확인하는 과정을 거친다. 그리고 최상위 목표가 파악되면 본격적인 작업에 들어간다.

그다음을 잘 떠올려보자. 미용사가 30분 넘게 아무 말 없이 머리를 자른 다음 '짠!' 하고 한 번에 끝내는 경우가 있던가? 대부분의 미용사들은 머리를 자르면서 "이 정도 길이면 될까요?", "이런 느낌이 맞아요?" 같은 질문을 중간중간에 던지면서 상대가 원하는 것을 계속해서 확인한다. 머리를 거의 다 자른 상태에서도 "앞머리는 이 정도면 괜찮나요? 좀 더 자를까요?" 하고 마지막까지 확인한다. 고객 입장에서는 가끔 그런 질문들이 귀찮을 때도 있겠지만, 원하는 스타일이 아니라 이상한 모양이 나올까봐 마음 졸이는 것보다는 훨씬 낫다.

아무리 경력 많고 실력 좋은 미용사도 수백, 수천 명의 고객이 각자 원하는 스타일을 아무런 대화 없이 한 번에 맞추기는 어렵다. 고객이 원하는 대로 잘 자르고 있는지 중간중간 적절히 확인하는 노하우가 반드시 필요하다. 우리가 보고서를 쓰는 과정도 이와 마찬가지다.

과거 한 스타트업으로부터 투자 유치를 위한 기업 소개 자료를 만들어달라고 요청받았던 적이 있다. 나는 해당 자료를 어떤 디자인과 톤으로 만들지 참고하기 위해 그 기업이 과거에 사용했던 기업 소개 자료를 받았다. 스타트업 느낌이 물씬 풍기는, 너무 딱딱하지 않으면서 귀엽고 톡톡 튀는 디자인이었다. 나는 '이게 이 회사의 스타일이구나'라고 생각해 그에 맞춰 30장짜리 기업 소개 자료를 만들었다.

그런데 웬걸? 기업 소개 자료를 받아든 대표는 자신이 원한 스타일이 아니었다며 실망감을 감추지 못했다. 알고 보니 그는 제법 큰 금액의 투자를 받기 위해, 과거에 만들었던 것과는 다르게 프로페셔널하고 전문적인 느낌의 '컨설팅 스타일' 보고서를 원했던 것이다. 결국 1~2주 동안 열심히 만들었던 30장짜리 보고서를 폐기하고 처음부터 다시 작업을 해야 했다. 만약 내가 보고서를 3~5장 정도 만들었을 때 미리 확인을 구했다면 어땠을까? 허비하는 시간을 최소 10일은 줄일 수 있었을 것이다. 이렇듯 적시에 적절한 범위로 업무 진행 상황을 공유하고 동기화하는 과정은 무척 중요하다.

효율적인 보고를 위한
동기화 사용법

동기화의 중요성은 이해했지만, 한편 '상대방이 너무 귀찮아하지는 않을까?', '손이 많이 간다고 생각하거나, 업무 역량이 없다고 생각하면 어쩌지?'라는 걱정도 든다. 여기에 적용할 수 있는 절대 원칙이 있다. 바로 피드백을 받으면 이를 반영해 어느 정도 작업한 뒤에 다음 동기화를 해야 한다는 점이다. 너무 자주 상대방에게 미팅을 요청하거나, 피드백 받은 부분에 대한 보완이 없는 상태로 그다음 동기화를 진행하는 것은 위험하다. 나름대로 충분한 고민과 노력을 통해 상대방의 의견을 반영한 후에, 그 결과물이 상대방이 원하는 방향인지 확인해야 한다.

또한 적절한 상황을 만드는 요령도 필요하다. 동기화가 필요한 내용, 필요 시간, 중요도, 심각성 등을 고려해 미팅을 하는 것이다. 예를 들어 중간 결과물을 놓고 심도 있는 이야기를 주고받아야 하는 경우라면 최소 15분에서 1시간 정도 미팅을 잡는 것이 좋다. 또 100% 완성본이 아니라도 어느 정도 내용이 정리된 문서를 가지고 논의하면 도움이 된다. 진행 상황을 공유하고, 공식적으로 피드백을 받고, 또 아이디어나 솔루션을 함께 도출해야 하는 경우 이런 미팅이 특히 유용하다. 빠르게 공유하고 해결해야 하는 주요 이슈가 생겼거나, 프로젝트가 막혔을 때 도움을 받거나 또는 상대방이 생각하는 방향성 등을 청취할 때도 도움이 된다.

보고서 작성 중에 자잘한 궁금증이나 고민거리가 생길 수도 있다. 가벼운 질문을 할 때는 5~10분 이내의 짧은 미팅을 해도 좋다. 이를 잘 활용하면 '일이 잘 되고 있을까?', '무슨 일이 생기지는 않겠지?'라며 궁금해하는 상사를 안심시킬 수 있고, 설령 문제가 발생하더라도 신속하게 대응할 수 있는 효과가 있다.

이 외에도 동기화에 활용할 수 있는 다양한 상황, 시간, 방법이 얼마든지 있다. 컨설턴트로서 바쁘게 일할 때는 이런 자투리 시간을 잘 활용하는 게 무척 중요했다. 팀과 함께 이동하거나, 팀장님과 잠시 마주치는 순간을 얼마나 알차게 잘 활용하는지가 팀과 나의 퍼포먼스에도 큰 영향을 미치고는 했다.

이렇듯 주기적으로 상황과 생각을 공유하면서, 주변 의견을 경청하고 도움받는 것은 개인의 업무 태도와 결과물에서 커다란 차이를 만든다. 동기화가 곧 성공적인 보고서를 만든다는 것을 반드시 명심하자!

레버리지를 활용하라

혼자 일하는 대신 회사에서 동료들과 함께 일하는 것의 장단점은 무엇일까? 단점은 사람 때문에 힘들 때가 많다는 것이다. 장점은 사람 덕분에 큰 도움을 받을 때가 많다는 것이다. 아이러니하지만 사실이다. 사람들과 함께 일하면 스트레스 받을 일도 무척 많지만, 반대로 얻는 것도 많다.

함께 일하면 혼자 일할 때보다 소통과 대화가 자주 자연스럽게 이루어진다. 조직의 규모가 크고 인원이 많을수록 커뮤니케이션의 양은 자연스럽게 늘어난다. 이러한 소통이 피곤할 때도 있지만, 어떤 문제를 놓고 해결책을 고민하는 상황에서는 도움을 받을 수 있는 대상도 많아진다는 장점이 있다.

혼자 일하는 사람보다 함께 일하는 사람들이 더 강하다. 좋은 구성원들로 잘 조직된 집단의 힘은 특히 더 강력하다. 역사상 어떤 유니콘 기업도 창업자 혼자서 모든 것을 이뤄내지 않았다. 스타트업의 성지라고 불리는 미국에서조차, 아무리 똑똑한 사람이라도 1인 창업에는 투자자들이 투자를 주저한다. 적어도 2명 이상의 공동 창업자가 있는 것이 1명의 똑똑한 창업자보다 낫다고 생각하기 때문이다.

우리가 일을 하다 보면 주변 사람들을 적절히 잘 도와주고, 또 그들에게 적절히 잘 도움을 받을 때 같은 일도 훨씬 더 쉽게 하게 되는 순간들이 있다. 이를 '팀 워크'라고 부른다. 팀 워크를 기반으로 다른 사람들의 도움을 받아 혼자 할 때보다 2배, 3배 더 나은 성과를 내는 것을 '레버리지'라고 표현한다. 레버리지란 말 그대로 지렛대의 원리로서, 다른 사람이나 자원의 힘을 빌려 혼자의 힘으로 해내는 것의 2배, 3배 많은 결과물을 낸다는 뜻이다.

업무력을 10배 높여주는 레버리지 사용법

레버리지를 적용할 수 있는 영역은 무궁무진하다. 보고서 작업에서는 무엇을 어떻게 할지 도저히 감이 안 잡힐 때, 혼자서는 아이디어나 답이 잘 안 떠오를 때 레버리지를 활용하면 큰 도움이 된다. 내가 제대로 일하고 있는지 자신이 없다면 너무 늦지 않게 주변에 상황을 공유하고 다른 사람들의 의견을 열린 자세로 들어보는 것이 좋다. 하나의 과제를 너무 오래 붙들고 혼자 끙끙대는 것처럼 느껴진다면 어떤 문제가 있을 확률이 높다. 혼자서 해결하기 어려운 상황이라면 더 지체하지 말고 주변에 도움을 구하자.

- 어떻게 해야 할지 모르겠을 때
- 혼자서는 답이 잘 안 떠오를 때
- 제대로 된 방향으로 작업하고 있는지 확신이 들지 않을 때
- 혼자 너무 오래 끙끙대고 있는 것처럼 느껴질 때

다만 레버리지를 활용할 때 주의할 점이 있다. 주변 사람들에게 도움을 받으라는 말이 그들에게 100% 의존하라는 뜻은 아님을 명심해야 한다는 점이다. 일단 스스로 주어진 정보와 자원, 시간 안에서 최선을 다해 노력하고 고민한 다음 다른 사람들에게 도움을 구해야 한다. 자신이 맡은 역할을 주도적으로 행하면서도 적절한 시점에, 적절한 선을 잘 지키면서 주변의 도움을 받아야 제대로 된 레버리지라고 할 수 있는 것이다. 스스로가 최선을 다하지 않으면서 주변 사람들에게 의지하고 무조건 일을 떠넘긴다면 결코 제대로 된 레버리지라 할 수 없다.

이러한 주의 사항만 잘 지킨다면 레버리지는 분명 우리에게 아주 큰 힘이 될 수 있는 도구다. 동기화를 통해 상황을 공유하고, 다른 사람들의 의견과 아이디어를 청취하는 레버리지까지 적절히 활용한다면, 그러지 않는 사람과 비교해 최소 10배 이상의 퍼포먼스를 낼 수 있다.

일머리를 키우는
커뮤니케이션 스킬

여기까지 맥을 잘 짚는 보고서를 만들기 위한 '최상위 목표 파악', '적절한 중간 동기화', '레버리지'라는 3가지 솔루션을 알아보았다. 눈치 빠른 사람이라면 3가지 솔루션에 하나의 공통점이 있다는 사실을 알아챘을 것이다. 바로 이 모든 것이 커뮤니케이션 능력과 밀접하게 관련이 있다는 점이다.

우리가 회사 생활을 하면서 받는 보고서 작업 요청은 대부분 이런 식이다.

"이번 보고서는 ○○님이 알아서 잘 준비해주세요."

듣는 사람 입장에서는 요청이 애매하고 두루뭉술하게 느껴질 수밖에 없다. 충분한 커뮤니케이션 없이 보고서를 작성해서 공유하면 다음과 같은 피드백을 듣게 된다.

> "○○님, ○○에 대한 내용은 어디 있어요? ○○에 대한 것도 빠진 것 같고, 이건 또 왜 넣었어요? 제가 궁금한 건 이게 아니에요. 제대로 확인해서 다시 보고해주세요."

'처음부터 똑바로 지시하시면 안 될까요?'라는 말이 절로 생각나는 상황이다. 우리는 바로 이러한 상황을 방지하기 위해 지금까지 보고서의 맥을 짚는 3가지 요령을 배웠다. 그렇다면 상사는 도대체 왜 처음부터 똑바로 지시를 내리지 못하는 걸까? 상사가 어떤 상황에 놓여 있는지를 이해하면 그들의 니즈를 더 잘 파악하고 적절히 소통할 수 있을 것이다.

원하는 답변을 얻는 커뮤니케이션 요령 3가지

상사와 부하직원을 팀장과 팀원이라고 하자. 보통 팀장은 팀원보다 일이 많다. 직급이 높아지면 자연스럽게 넓은 범위에 걸쳐 다양한 안건을 한꺼번에 다루어야 한다. 바쁜 와중에 여러 사람에게 지시를 내리다 보면 꼼꼼하게 요청하는 데 한계가 생기게 마련이다. 또한 팀원이 '이 정도는 알아서 잘 알아듣겠지?'라고 오해 섞인 기대를 하기도 한다. 그런가 하면 팀장이 모든 정답을 가지고 있는 것도 아니다. 팀장도 사람이기 때문에 명확한 답이 없고 생각이 충분히 구체화되지 않은 상태에서 보고서를 요청하는 경우도 있다. 이럴 때 지시를 받는 팀원은 팀장의 말을 두루뭉술하다고 느낀다.

팀장이 처음부터 팀원의 입장을 모두 세세하게 고려해서 최적의 지시를 내려주면 좋겠지만, 반대로 배경과 목적을 잘 파악해서 두루뭉술한 요청을 날카롭게 구체화된 결과물로 만들어내는 것이 보고서 작성자의 역할이기도 하다. 때로는 팀장이 팀원에게 어느 정도 자율권을 주고 싶거나, 팀원의 역량을 파악하기 위한 목적으로 지시를 내리는 경우도 있다. 같은 지시를 해도 열 번, 스무 번 손이 가는 팀원이 있는가 하면 한 번에 깔끔하게 보고를 끝내는 팀원도 있다. 팀장 입장에서는 당연히 후자를 더 높게 평가할 수밖에 없다.

따라서 보고서를 작성하는 우리는 최상위 목표 파악, 적절한 중간 동기화, 레버리지를 잘 활용할 줄 알아야 한다. 그리고 이 3가지 솔루션을 활용하는 데 가장 기반이 되는 것은 커뮤니케이션이다. 어쨌거나 상대방에 적절한 질문을 던지고, 원활하게 대화할 수 있어야 팀장이 처한 배경과 그의 목적, 의도를 정확하게 이해할 수 있기 때문이다. 그리고 이것이 바로 우리가 일머리 있는 직원인지 아닌지를 판가름하는 첫 단추가 된다.

그렇다면 좀 더 부드럽고 자연스럽게 팀장으로부터 내가 원하는 내용에 대한 답변을 얻어내려면 어떻게 해야 할까? 다음 3가지 커뮤니케이션 요령을 잘 활용해보면 좋다.

- **질문**: 핵심 체크리스트를 정리하고 순서대로 질문
- **가안 제시**: 초기 가안 또는 작업 방향성을 제시하고 이에 대한 피드백 요청
- **요약·정리**: 상사의 요청 사항을 요약·정리하여 제대로 이해 했는지 확인

예를 들어 팀장이 "우리 회사 경쟁 상황에 대한 보고서 좀 작성해주세요"라고 요청한 경우를 생각해보자. 이 상태로는 너무 폭넓은 주제처럼 느껴진다. 정확히 어떤 내용에 대한 보고서를 원하는 건지 모호하다. 이럴 때 바로 앞서 소개한 질문, 가안 제시, 요약·정리를 잘 활용하면 아래와 같이 필요한 작업을 구체화할 수 있다.

"혹시 제가 반드시 확인해야 할 사항이 따로 있나
요? 경쟁사 최근 실적은 매출, 영업이익, 제품·영업
동향을 살펴보려고 하는데 추가로 확인해야 할 부
분이 있을까요?"
→ **질문**

"제 생각에 경쟁사 최근 실적이나 투자 계획을 고려
했을 때 저희도 어느 정도는 추가 투자가 필요할
것 같은데, 이런 부분도 함께 정리하면 될까요?"
→ **가안 제시**

"그러면 경쟁사 최근 실적과 더불어 투자 계획에 대
해 정리하고 저희는 어느 정도 추가 투자가 필요할
지 정리해서 보고하겠습니다."
→ **요약·정리**

질문, 가안 제시, 요약·정리를 활용한 몇 마디 커뮤니케이션만
으로 '경쟁 상황에 대한 보고'라는 애매모호한 지시가 '경쟁사의
매출, 영업이익, 제품·영업 동향, 투자 계획에 대한 조사 및 당사
투자 방향성 제시'라는 훨씬 구체적인 지시로 바뀌었다. 이렇듯

팀장이 보고서에 대한 지시를 잘 전달하는 것도 중요하지만, 반대로 보고서 작성자가 얼마나 지시를 잘 전달받는지도 무척 중요하다는 것을 꼭 기억하자.

CHAPTER 2

본질을 꿰뚫는
킬러 메시지 뽑는 법

메시지란 무엇인가: 정보, 경보, 솔루션

보고서란 '메시지'로 시작해서 '메시지'로 끝나는 작업이다. 메시지가 없거나 잘못된 메시지가 적혀 있는데 단순히 양식, 분량, 디자인이 좋다고 통과되는 보고서는 없다. 보고서를 쓸 때는 단순히 눈에 보기 좋은 30~40장짜리 PPT를 만드는 것이 아니라, 상대방이 필요로 하는 정보와 아이디어를 제공해야 한다. 모든 보고서에는 반드시 메시지가 있어야 하고, 보고서의 궁극적인 목표는 좋은 메시지를 찾는 것이다.

그렇다면 메시지란 정확히 무엇을 의미할까? 다음 문장들이 메시지인지 아닌지 생각해보고 빈칸을 채워보자.

문장	메시지다	메시지가 아니다
최근 AI 산업이 급속도로 성장하고 있습니다.		
A 사업부의 실적이 목표 대비 20% 미달했습니다.		
경쟁 대응을 위해 마케팅비를 30% 늘려야 합니다.		
지난 달 비용 지출이 15% 증가했습니다.		
서버 장애로 서비스 접속이 되지 않습니다.		

먼저, 국어사전에서 '메시지'의 뜻을 찾아보면 다음과 같다.

- 언어나 기호에 의해 전달되는 정보 내용

- 문예 작품이 담고 있는 교훈이나 의도

- 어떤 사실을 알리거나 주장하거나 경고하기 위해 보내는 전언

'메시지'라는 단어의 첫 번째 정의는 '언어나 기호에 의해 전달되는 정보 내용'이다. 우리가 보고서에 적는 모든 내용은 짧든 길든, 중요도가 높든 낮든 결국에는 어떠한 정보를 담고 있게 마련이다. 그렇다면 이것이 우리가 보고서에 담고자 하는 메시지를

완벽하게 설명해주는 정의라고 할 수 있을까? 무언가 약간 아쉬운 것 같다.

그다음 정의를 살펴보면 '문예 작품이 담고 있는 교훈이나 의도'라고 되어 있다. 우리가 쓰는 보고서가 문예 작품은 아니지만, '교훈이나 의도'라는 표현에는 주목할 필요가 있다. 메시지는 단순히 개별적인 텍스트, 줄글, 정보를 넘어서 특정 교훈이나 의도를 담아야 한다는 점을 은연중에 내포하는 것이다.

그렇다면 마지막 정의는 어떨까? '어떤 사실을 알리거나 주장하거나 경고하기 위해 보내는 전언'이라고 되어 있다. 우리가 보고서에 담아야 하는 메시지의 의미는 이 마지막 정의에 가장 가깝다. 결국 '모든 보고서에는 메시지가 담겨야 한다'라고 할 때 말하는 '메시지'는 적어도 아래 둘 중 하나의 조건을 만족해야 한다.

- 위기 상황에 대한 경보
- 문제 해결에 대한 솔루션

첫째 조건은 '위기 상황에 대한 경보'다. 내가 전달하고자 하는 정보가 우리 회사의 사업, 우리 조직의 성과에 문제를 일으킬 만한 요소가 있는 경우다. 예를 들어 "복어에는 독이 있습니다"와 "지금 당신이 먹는 그 복어에는 독이 들어 있습니다"는 비슷해 보이지만 완전히 다른 이야기다. 전자는 일반적인 사실을 전달하는 것이고, 후자는 '당신이 먹고 있는 복어는 독이 제거되지 않았으니 죽을 수도 있다'라는 경고를 내포하기 때문이다.

우리가 쓰는 보고서도 마찬가지다. 예를 들어 "연말 현금 잔고가 10억 원입니다"와 "연말 현금 잔고가 10억 원밖에 안 되는데 이대로면 3월에 파산할 수도 있습니다"는 전혀 다른 문장이다. 인원이 2명뿐인 작은 스타트업이라면 10억 원이 무척 큰돈일 것이고, 인원이 수백 명에 매달 급여만 수십억 원을 지급해야 하는 규모의 회사라면 10억 원이 무척 빠듯할 것이다. 이렇듯 같은 정보라도 경우에 따라 단순한 사실이 될 수도 있고, 위기 상황을 주변에 알리는 메시지가 될 수도 있다.

둘째 조건은 '문제 해결에 대한 솔루션'이다. 내가 가진 정보가 특정 문제 상황에 대한 경고를 넘어서, 이를 해결하는 데 직접적으로 도움이 된다면 더할 나위 없이 좋지 않을까? 앞의 예시를 변형하면 "당신이 먹은 복어에 독이 있을 수 있으니 당장 병원에 가보시는 것이 좋겠습니다"라고 해결책을 제시하는 것이다. 또는 "연말 현금 잔고가 10억 원으로 빠듯한데 최대 30억 원까지 지원해주는 중소기업 지원 프로그램에 신청해보는 것은 어떨까요?"라고 제안할 수도 있다. 이렇듯 문제 상황에서 벗어날 수 있는 현실적이면서도 효과적인 아이디어를 전달할 수 있다면 좋은 메시지라고 할 수 있다.

메시지가 되기 위한 2가지 조건은 서로 달라보이지만 상당히 비슷한 부분도 있다. 즉 메시지는 조직의 의사결정이나 물리적 행동을 유도한다는 점이다. '위기 상황에 대한 경보'는 적시에 문제를 알림으로써 문제 상황을 바라보고 해결책을 찾도록 돕는다. '문제 해결에 대한 솔루션'은 직접적으로 특정 행동을 제안한다. 결국 상대방이 어떠한 행동을 취하도록 돕는다는 점이 '메시지'와 '단순 정보 전달'을 구분하는 중요한 기준이 된다.

단순 정보 전달과 메시지는 때때로 한 끗 차이로 갈린다. 예를 들어 "요즘 콜라보 유형의 마케팅이 유행하고 있습니다"라는 문장은 단순 정보 전달이지만, 한 단계 나아가 "경쟁사가 콜라보 마케팅을 통해 우리 회사를 빠르게 따라잡고 있습니다(위기 상황에 대한 경보)" 또는 "우리도 ○○과 콜라보를 해서 새로운 마케팅 콘텐츠를 만들어보는 게 어떨까요?(문제 해결에 대한 솔루션)" 같은 문장은 메시지라고 부를 수 있다.

하나만 더 예를 들면, "지난 달 비용 지출이 15% 증가했습니다"라는 문장을 들여다보자. 비용이 증가하면 문제라고 생각될 수도 있지만, 상황에 따라 전혀 문제가 되지 않을 수도 있다. 매출이 30% 늘면서 이에 수반되는 비용이 15% 늘어난 경우라면 이 정보는 오히려 호재일 수 있다. 또는 미래를 위한 과감한 투자로 인해 일시적으로 지출이 늘어난 경우일 수도 있다. 이렇듯 "지난 달 비용 지출이 15% 증가했습니다"라는 문장 자체는 단순 정보 전달에 가깝지, 그 자체만으로는 메시지라고 하기 어렵다.

이러한 기준들을 토대로 앞서 제시한 문제의 정답을 알아보자.

문장	메시지다	메시지가 아니다
최근 AI 산업이 급속도로 성장하고 있습니다.		단순 정보 전달
A 사업부의 실적이 목표 대비 20% 미달했습니다.	위기 상황에 대한 경보	
경쟁 대응을 위해 마케팅비를 30% 늘려야 합니다.	문제 해결에 대한 솔루션	
지난 달 비용 지출이 15% 증가했습니다.		단순 정보 전달
서버 장애로 서비스 접속이 되지 않습니다.	위기 상황에 대한 경보	

이렇듯 메시지가 되기 위해서는 '위기 상황에 대한 경보'나 '문제 해결에 대한 솔루션' 중 하나의 조건을 반드시 충족해야 한다는 점을 명심하자.

보고서,
문제 제기만 해도 된다!

이제 이런 의문이 생겨날 수 있다. '해결책도 없는데 문제 제기만 해도 되는 걸까?' 답은 '된다!'이다. 물론 해결책을 제시할 수 있다면 더할 나위 없이 좋겠지만, 당장 닥친 위기 상황을 주변에 전달하는 것도 보고서의 중요한 목적이 될 수 있다. 혼자서는 답을 내리기 어려울 정도로 복잡한 실제 비즈니스 환경에서는 빠르게 문제를 공유하고 함께 고민하는 기회를 만드는 것도 필요하기 때문이다.

다만 쉽게 답이 보이지 않는 상황에서 주변 사람들만 탓하거나, 상황에 대해 무작정 불평하거나, 동일한 문제 제기를 지나치게 반복하는 것은 바람직하지 않다. 그렇기 때문에 '위기 상황에 대한 경보'의 메시지를 전할 때는 문제 상황을 공유하면서 주변을 진심으로 걱정하고, 함께 답을 구하는 주도적인 태도를 가져야 할 것이다.

뉴스, 보도자료, 소셜미디어, 리포트 등 정보는 늘 우리 주변에 차고 넘친다. 하지만 방대한 정보가 모두 우리에게 가치가 있지는 않다. 그리고 같은 정보라도 어떤 메시지를 부여하느냐에 따라 쓰임이 달라진다. 신속한 의사결정과 대응이 중요한 비즈니스 환경에서 우리가 쓰는 보고서는 단순 정보의 집합을 넘어 유의미한 메시지를 담아야 한다는 점을 잊지 말자.

당신이 만든 보고서에
알맹이가 없는 이유

보고서의 목적을 알고 방향성을 잘 정했다면, 이제 본격적으로 보고서를 작성해보자. 먼저 보고서에 들어갈 내용, 즉 '알맹이'를 준비해야 한다. 1장에서 다룬 최상위 목표 파악, 동기화, 레버리지를 통해 보고서의 맥을 잘 짚었다고 해도 보고서가 고객 또는 상사가 필요로 하는 제대로 된 알맹이를 전달하지 못하면 실패로 끝날 수밖에 없다. 보고서가 실패하는 이유를 다시 한번 살펴보자.

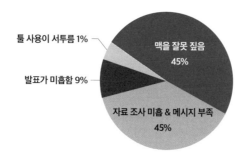

자료 조사가 미흡하고 메시지가 부족한 '알맹이 없는 보고서'가 실패한 보고서의 45%를 차지한다. 그렇다면 알맹이 없는 보고서에는 어떤 특징이 있을까? 상사가 이번엔 이런 지시를 내린다.

"최근 ○○ 산업 성장에 대한 보고서를 써주세요."

이를 위해서는 먼저 ○○ 산업의 시장 규모와 성장성 등을 조사해야 한다. 이는 산업 조사의 기본이자 반드시 포함되어야 하는 필수 내용이다. 보고서 쓰기에 좀 더 능숙한 사람이라면 시장에서 우수한 성과를 내는 1~5위 업체는 어디인지, 각 업체별 최근 3~5년간 실적은 어떤지도 조사할 것이다. 시장 규모, 업체별 실적 같은 수치도 차트로 잘 정리해 시각화해서 넣을 수도 있다. 여기까지 채워넣으니 충분히 잘 만들어진 보고서라고 보여진다. 상사의 반응은 어떨까?

"음… 내용이 충분하지 않고 깊이가 없네요."

보고서 안에 충분한 알맹이가 없다는 뜻이다. 요청받은 내용을 나름 열심히 조사해서 잘 넣었다고 생각했는데 왜 충분하지 않을까? 내가 만든 보고서에 알맹이가 없는 원인으로는 다음 3가지가 있다.

- **리서치 부족**: 핵심 정보를 충분히 얻는 데 실패함
- **잘못된 해석**: 핵심 정보를 획득했지만 이를 엉뚱하게 해석함
- **아이디어 부족**: 정보도 있고 상황도 정확하게 파악했지만 정작 필요한 메시지가 없음

첫째 원인은 알맹이를 만들기 위해 필요한 핵심 정보를 충분히 확보하지 못한 경우다. 아무리 똑똑한 사람이라도 정보가 충분하지 않으면 제대로 된 의사결정을 내리기도, 좋은 솔루션이나 아이디어를 떠올리기도 어렵다. 이때 충분한 정보란 단순히 양이 많아야 한다는 뜻이 아니다. 보고서를 쓰는 데 꼭 필요한 핵심 정보를 확보해야 한다. 필요하지 않은 정보를 모으고 살펴보는 데 시간을 허비하면 주어진 시간 내에 제대로 된 알맹이를 만들기가 어려워진다. 따라서 리서치를 할 때는 가설을 기반으로 꼭 필요

한 정보만 찾아내는 것이 중요하다.

둘째 원인은 필요한 핵심 정보를 잘 수집하고도 이를 올바르지 않은 방식으로 엉뚱하게 해석하는 경우다. 셋째 원인은 의미 있는 아이디어나 제안을 도출하지 못해 제대로 된 메시지를 담는 데 실패한 경우다. 겉보기에는 자료도 많고 노력한 티도 나는데 정작 상대방이 궁금해하거나 원하는 부분을 시원하게 긁어주지 못하는 것이다. 이런 케이스는 대부분 생각 정리가 제대로 되지 못했거나, '그래서 어떻게(So What)', '왜 그렇게(Why So)'에 대한 답이 부실해서 발생한다.

반쪽짜리 보고서를 피하는 방법

자, 이 기준을 가지고 앞선 사례를 다시 한번 살펴보자. 우리 보고서에는 정확히 어떤 문제가 있는 걸까? 상사가 준 힌트(피드백)를 살펴보자.

> "○○ 산업이 왜 이렇게 성장하고 있고, 선도 업체들은 왜 잘하고 있는지 알아봤나요? 사실 그 이유나 원인이 훨씬 중요하잖아요. 그리고 수치는 여러

가지가 있는데 서로 의미하는 바가 상충되고, 자료의 출처나 신뢰도도 불명확한 것 같네요."

→ 충분한 핵심 정보 확보의 실패

"○○ 산업 성장에 따라 우리 회사에 어떤 기회나 위협 요소가 있는지, 그에 맞춰 우리가 무엇을 어떻게 해야 한다는 내용이 있어야 하지 않을까요?"

→ 잘못된 해석, 아이디어 부족

처음에 작성한 보고서에는 핵심 정보나 의견, 즉 알맹이가 부족했기 때문에 반쪽짜리 보고서가 될 수밖에 없었던 것이다. 보고서에 어떤 내용을 담아야 하는지 하나하나 상세하게 지시해주는 상사도 있겠지만, 보고서의 목적과 맥락에 맞춰 알맹이를 잘 전달하는 건 담당자의 역할이다. 1~2년 차 신입 사원이 아니라 어느 정도 연차가 쌓인 경력자라면 더욱 그렇다.

겉만 번지르르하고 알맹이가 없는 보고서는 상사나 고객을 절대 만족시킬 수 없다. 이제부터는 나만의 논리적인 '킬러 메시지'를 만들기 위해, 기초부터 실제 실무에 적용할 수 있는 다양한 사례를 살펴보면서 보고서에 알맹이를 채우는 방법을 배워보자.

적절한 리서치

그렇다면 보고서에 들어갈 메시지를 만들어낼 때 가장 먼저 무엇을 해야 할까? 혹시나 성급한 마음에 파워포인트 프로그램 먼저 켰다면 얼른 닫도록 하자. 좋은 메시지를 뽑기 위해 우리가 가장 먼저 해야 할 일은 바로 필요한 자료와 데이터를 잘 정의하고 빠르게 확보하는 것이다. 양질의 정보를 수집하는 활동은 좋은 메시지를 뽑아내기 위한 기본 작업이자 필수 작업이다. 좋은 정보 없이는 좋은 메시지도 결코 나올 수 없다.

정보를 수집하는 단계를 '리서치'라고 부른다. 리서치를 진행할 때 특히 신경 써야 하는 부분이 있다. 우리에게 꼭 필요한 핵심 정보를 판단할 줄 알아야 한다는 것이다. 앞서 말했듯 단순히 정보의 양이 많다고 해서 좋은 보고서를 쓸 수 있는 것이 아니다. 우리에게는 시간이 무한정 주어지지 않으므로 꼭 필요한 자료와 데이터를 중심으로 효율적으로 리서치한 뒤 이를 기반으로 의미 있는 메시지를 도출하는 데 집중해야 한다.

이런 상황을 상상해보자. 어느 특이한 약국에 들어선다. 5평 남짓한 작은 공간에 세상의 모든 약을 다 욱여넣은 듯 물건이 가득 차 있다. 산만해 보이기는 하지만, 어지간한 약은 다 가지고 있을 것만 같아 든든하다. 그러나 막상 필요한 약을 찾으려니 산처럼 쌓인 물건 사이에서 원하는 제품을 찾기가 무척 힘들다. "분명 어딘가에 있을 텐데…"라며 헤매는 약사의 뒷모습을 지켜보다 결국 빈손으로 약국을 나온다.

우리가 보고서를 쓰기 위해 하는 리서치도 크게 다르지 않다. 리서치를 하다 보면 이 정보도 좋아보이고, 저 정보도 좋아보이고, 왠지 나중에 쓸 일이 있을 것 같아 눈에 보이는 온갖 정보를 다 수집한다. 물론 하나라도 더 많이 알고 있는 경우가 더 나은 결과를 가져올 확률이 높다. 하지만 이렇게 막연한 불안감으로 꼭 필요하지도 않은 정보를 무작정 모으다 보면 주어진 시간 안에 보고서 작업을 제대로 끝내기가 어려워진다. 많이 팔기 위해 최대한 많은 약을 들여놨지만, 정작 불필요한 약까지 무작정 쌓아두는 바람에 장사가 더 힘들어지는 '이상한 약국' 패러독스에 빠지는 것이다.

리서치도 마찬가지다. 정해진 시간 안에 문제를 정확하게 진단하고 의미 있는 메시지를 내기 위해 정보에 집중해야 한다. 미리 파악한 최상위 목표에 맞는 메시지를 만드는 데 필요한 핵심 정보를 잘 가려낼 줄 알아야 하는 것이다. 지금부터 그 방법을 소개한다.

모든 보고서는 가설에서 시작된다

어떤 자료가 핵심 정보인지 아닌지를 알아내려면 2가지가 필요하다. 첫째, 정확한 상황 판단이다. 내가 어떤 상황에서 어떤 질문에 답해야 하는지에 따라 같은 정보도 필요한 정보가 될 수도 있고, 불필요한 정보가 될 수도 있다. 헛다리를 피하고 정확한 상황 판단을 하기 위해 갖춰야 하는 필수 도구는 앞서 소개한 '최상위 목표', '동기화', '레버리지'다.

다음으로 필요한 것은 바로 '초기 가설'이다. 가설이라니, 과학 실험에서나 쓰는 어려운 단어처럼 느껴지는가? 걱정할 필요 없다. 몇 가지 사례를 살펴보면 초기 가설이 절대 어려운 개념이 아님을 금방 알 수 있다. 알고 보면 우리는 항상 가설적 사고를 하고 있기 때문이다.

가설이란 쉽게 말하면 '왠지 ○○하지 않을까?'라는 생각이다.

100% 확신하는 것은 아니지만 '왠지 ○○하지 않을까?' 하고 떠오르는 바로 그 생각이 '초기 가설'이다. 가설을 실제 데이터를 통해 맞는지 틀린지 확인하는 과정을 '가설 검증'이라고 하며, 검증이 완료된 가설을 '사실'이라고 부른다.

초기 가설은 우리가 보다 효율적으로 목적지에 다다를 수 있게 해주는 나침반 역할을 한다. 예를 들어 '저녁 식사로 무슨 음식을 먹을까?' 하고 고민하는 D와 A 두 사람이 각자 답을 찾는 과정을 따라가보자. D는 동네에 있는 모든 식당을 찾아보기로 한다. 포털 검색도 해보고, SNS 검색도 해보고, 통계청 데이터도 보면서 동네에 있는 300개가 넘는 식당을 하나하나 찾아본다. 혹시 놓친 곳이 있을까 전전긍긍하면서 모든 식당의 위치와 메뉴, 가격을 하나씩 엑셀 시트에 정리한다. D는 원하는 식당을 찾을 수 있을까? 안타깝게도 D는 무엇을 먹을지 미처 결정하기 전에 배가 고파 쓰러지고 만다.

A는 사뭇 다른 방식으로 접근한다. A는 먼저 '어제 먹은 음식은 싫고, 가까운 식당에서 저렴한 음식이면 어떨까?'라고 생각한다. 원하는 조건을 대략적으로 정한 A는 집에서 10분 거리에 있는 식당들 중 1만 원 이하의 메뉴가 있는 곳만 발빠르게 추린다. 모든 식당을 다 찾을 필요도 없고, 모든 메뉴를 다 볼 필요도 없다. 갈 만한 식당이 단 두 군데로 좁혀졌다. 그렇게 A는 10분 만에 메

뉴를 골라 만족하며 식사를 한다.

> "동네에 있는 모든 식당을 다 조사해보자."
>
> → 기준 없이 모든 식당을 다 찾아보다가 배고파 쓰러짐

> "어제 먹은 것 빼고, 걸어서 10분 이내, 식비는 1만
> 원 이하로 고르자."
>
> → 10분 만에 마음에 드는 식당을 찾아서 만족스러운 식사를 함

D와 A는 왜 같은 문제를 놓고도 서로 다른 결과에 다다르게 되었을까? 그 이유는 바로 초기 가설에 있다. D는 아무 초기 가설 없이 모든 정보를 다 수집한 뒤 이를 토대로 의사결정을 하려고 했고, 반대로 A는 초기 가설을 통해 대략적인 조사 범위와 판단 기준을 미리 수립한 뒤 자료를 찾았다. 초기 가설의 유무가 '뭘 먹을까?'라는 단순한 질문에 대한 D와 A의 행동과 결과를 크게 갈라놓았다.

D처럼 데이터를 먼저 수집하고 이를 기반으로 답을 찾는 방식은 '리서치 중심 접근(Diagnostic First)'이라고 부른다. A처럼 초기 가설을 먼저 세운 뒤 핵심 정보 중심으로 탐색하는 방식은 '가설 중심 접근(Answer First)'이라고 부른다. 리서치 중심 접근은 방대

한 데이터를 기반으로 다양한 관점에서 문제를 바라봄으로써 새로운 인사이트를 얻을 수 있다는 장점이 있지만, 중심이 되는 가설이 없기 때문에 시간과 노력이 많이 필요하다는 단점이 있다. 한편 가설 중심 접근은 효율적이지만, 해당 상황에 대한 충분한 배경지식이 없거나 다양한 관점에서 문제를 바라볼 수 있는 역량이 부족한 경우 잘못된 결론에 도달할 가능성도 있다. 따라서 항상 '내가 놓치고 있는 것은 없을까?', '내 가설이 정말 맞을까?' 하는 강한 자기비판적 사고를 해야 한다.

접근법	장점	단점
리서치 중심 접근	방대한 데이터에 기반한 새로운 관점, 인사이트를 얻을 수 있음	시간과 노력이 많이 필요함
가설 중심 접근	초기 가설에 기반한 높은 작업 효율성	배경지식, 경험이 부족한 경우 잘못된 결론으로 귀결될 수 있음

 일반적으로 보고서를 쓸 때는 가설 중심 접근을 더 추천한다. 보고서 작업의 경우 대부분 기간이 빡빡하게 정해져 있기 때문에 가설 중심 접근으로 진행해야만 원하는 시간 안에 최적의 결과물을 얻을 수 있다.

일 잘하는 사람들의 사고방식, 가설적 접근

리서치 중심 접근과 가설 중심 접근 중 어떤 작업 방식을 선택하는지에 따라 작업의 방향, 효율성, 결과가 크게 달라진다. 또, 똑같이 초기 가설을 기반으로 가설 중심 접근을 하는 경우에도 어떤 가설을 세웠느냐에 따라 많은 차이가 난다. 예를 들어 '매출을 늘리려면 어떻게 해야 할까?'라는 주제에 대해 X, Y, Z라는 세 사람이 각자 일주일 만에 보고서를 작성해야 하는 상황을 가정해보자.

먼저, X는 리서치 중심 접근 방식을 택한다. X는 앞 사례의 D처럼 두서 없이 자료부터 찾기 시작한다. 그러나 과연 일주일 만에 회사의 매출 성장과 관련된 모든 자료를 수집하는 게 가능할까? X는 자료를 수집하는 데 일주일을 모두 허비해버리고, 당연히 정해진 기간에 보고서를 전달할 수 없다.

Y는 '우리 서비스를 이용하는 사용자가 많으니 서비스 내에 광고를 붙이면 되지 않을까?'라는 가설 중심 접근을 시도한다. 그렇게 Y는 광고 사업과 관련된 조사를 통해 우리 서비스에 어떤 광고를 붙이는 것이 적당한지, 예상 매출은 어느 정도인지를 정리해서 일주일 안에 보고서를 제출하는 데 성공한다.

Z도 Y와 같은 가설 중심 접근을 택한다. 대신 '우리 회사와 비슷한 업체들을 조사하면 힌트가 있지 않을까?'라는 가설을 토대로 다양한 유사 업체의 사례를 조사한 뒤 우리 회사가 놓치고 있던 추가적인 사업 기회에 대한 보고서를 제출한다.

"매출을 늘리려면 어떻게 하면 될까?"
→ 두서 없이 모든 자료를 다 찾아보는데 답은 안 나옴

"우리 서비스를 이용하는 사용자가 많으니 광고를 붙여볼까?"
→ 광고 사업 조사를 통해 어떤 광고가 적합한지, 예상 매출은 어떤지 확인

"우리 회사와 비슷한 업체들을 조사하면 힌트가 있지 않을까?"

→ 유사 사례 조사를 통해 우리가 놓치고 있는 사업 기회는 없
　　는지 확인

　같은 문제를 놓고서도 리서치 중심 접근과 가설 중심 접근 중
어떤 방식을 취하는지, 그리고 같은 가설 중심 접근이더라도 어
떤 가설을 세우는지에 따라 실제 업무의 방향은 상당히 달라진
다. 또한 우리가 만드는 보고서의 결과물과 그 효과에도 크게 영
향을 줄 수 있다.

　여기까지 읽다 보면 갑자기 이런 걱정이 생길 수 있다. '내 생각
이 틀린 가설이면 어떡하지?', '잘못된 가설 때문에 허투루 시간
을 다 날려버리는 것은 아닐까?'라고 말이다. 물론 가설 중심 접
근을 할 때는 어떤 가설을 세우고 일을 시작하는지에 따라 업무
의 방향, 소요 시간, 결과물 등에 많은 차이가 발생한다. 하지만
모든 초기 가설이 시작부터 끝까지 전부 정답일 필요는 없다. 사
실 우리가 처음 설정한 가설이 정답인 경우는 그리 많지 않다. 가
설 중심 접근의 묘미가 바로 여기에 있다. 가설 중심 접근을 하는
이유는 초기 가설이 정답이어서가 아니다. 오히려 초기 가설이
정답이 아닐 확률이 높기 때문에, 이를 빠르게 검증하면서 더 나
은 아이디어를 보다 효율적으로 탐색하기 위함이다.

　앞서 '뭘 먹을까?'를 고민하던 A를 다시 떠올려보자. A는 운이

좋게도 '10분 이내 거리, 1만 원 이하의 가격, 어제 먹지 않은 메뉴'라는 조건을 만족하는 식당을 찾아 성공적으로 식사할 수 있었다. 만약 A가 운이 조금 나빴다면 어땠을까? 3가지 조건을 모두 만족하는 식당이 없었다면? 이런 경우라도 A의 초기 가설이나 접근 방식이 무의미하다고는 할 수 없다. 이제 A는 '20분 이내의 거리로 넓혀서 찾아볼까?', '1만 5,000원 이하는 어떨까?', '그냥 어제 먹은 메뉴를 또 먹을까?'라고 생각할 수 있다. 첫 번째 가설은 실패로 끝났지만, A는 빠르게 본인의 가설을 수정하고 효율적으로 답을 찾을 수 있다. D처럼 동네에 있는 모든 음식점을 다 뒤지느라 시간을 허비할 필요가 없다.

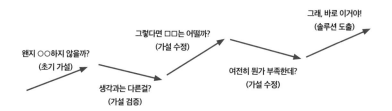

가설 중심 접근은 초기 가설이 완벽하지 않더라도 계속해서 효율적인 정보 수집과 아이디어 탐색이 가능하게 한다는 이점이 있다. '왠지 ○○하지 않을까?'라는 초기 가설을 가지고 있는 것만으로도 리서치 단계에서 꼭 찾아야 하는 핵심 정보가 무엇인지를 쉽게 판별할 수 있기 때문이다. 초기 가설이 맞는지 틀린지를 확인하기 위해 알아봐야 할 것이 바로 우리가 최우선적으로 수집하고 분석해야 하는 핵심 정보가 되는 것이다. 또한 필요한 리서치를 진행하고 가설을 검증하다 보면 처음 생각이 맞을 수도 있고 틀릴 수도 있는데 이 과정을 통해 보다 더 빠르게, 더 나은 아이디어를 향해 다가갈 수 있다.

초기 가설을 뽑는 게 어렵다면: 레버리지와 퀵 리서치

가설 중심 접근을 하다 보면 초기 가설을 뽑는 것 자체가 다소 어렵게 느껴질 수도 있다. 특히 해당 주제에 대한 경험이나 배경지식이 부족한 상황이라면 더욱 그렇다. 그렇다고 해서 너무 걱정할 필요는 없다. 우리는 이미 한 가지 무기를 배웠기 때문이다. 바로 직장인의 최대 무기, 레버리지다. 혼자서는 도저히 방향을 잡기 힘들고, 적절한 가설도 떠오르지 않는다면 해당 주제에 대해 나보다 지식이나 경험이 많은 사람을 찾아가보자. 나의 상사일 수도 있고, 다른 팀의 선배일 수도 있고, 혹은 우리 회사 사람은 아니지만 관련 업계 종사자가 될 수도 있다. 무엇보다 내게 과제를 의뢰한 고객이나 상사가 이미 대략적인 초기 가설을 가지고 있거나, 어떤 포인트들을 우선적으로 검증하길 바라는지에 대한 의견이 있을 수 있다. 최선을 다했음에도 혼자서는 막막하게 느껴질 때 레버리지를 적절히 활용하는 것도 현명한 방법이라는 점, 꼭 기억하자.

초기 가설을 뽑아내기가 어렵다면 리서치 중심 접근 방식을 조금 이용해봐도 좋다. 관련된 보도자료, 리포트 등을 대략적으로 읽어보면서 초기 가설 수립에 필요한 최소한의 지식을 확보하는 것이다. 다만 여기서 주의해야 할 것은 우리는 궁극적으로 가설 중심 접근을 하기 위해 정보 수집을 하는 것이지, 본격적인 리서치 중심 접근을 위해 정보를 수집하는 것은 아니라는 점이다. 이렇게 초기 가설을 뽑기 위한 최소한의 지식을 얻기 위해 진행하는 리서치를 '퀵 리서치'라고 부른다. 말 그대로 너무 많은 시간을 들이지 않고 빠르게 해당 주제에 대한 기본 지식, 최근 이슈 등을 파악하는 행위다. 퀵 리서치는 모든 정보를 다 찾는 것에 중점을 두지 않고, 초기 가설을 뽑기 위한 최소한의 리서치를 진행하는 것이라는 점에서 리서치 중심 접근과는 차이가 있다.

컨설팅 업계에서는 가설 없이 세상 모든 정보를 수집하고 검토하다가 시간과 자원을 낭비하는 행위를 '바다를 끓인다(boiling the ocean)'라고 표현한다. 한번 생각해보자. 우리가 과연 저 망망대해에 있는 엄청난 양의 바닷물을 다 끓일 수 있을까? 큰 솥에 담긴 물을 끓이는 데에도 한세월이 걸리는데, 바닷물을 다 담을 수 있는 냄비와 이를 빠른 시간 안에 끓일 수 있는 센 불을 구하는 것은 사실상 불가능하다. 우리의 시간과 에너지도 마찬가지다. 사람이 가진 시간과 에너지는 유한하기 때문에, 바다를 끓이는 대신 현명하고 효율적인 업무 방식을 잘 따라가는 것이 무척 중요하다.

앞서 살펴본 '이상한 약국' 사례도 이와 비슷하다. 세상의 모든 약을 구비해두려는, '바닷물을 끓이려는' 접근이 '이상한 약국' 패러독스를 만들어낸 것이다. 우리가 리서치하고 보고서를 쓰는 행위도 크게 다르지 않다. 주어진 시간에 효율적으로 정보를 수집하고, 가설을 검증하기 위해서는 반드시 가설적 접근에 기반해 핵심 정보를 잘 판별하는 것이 중요하다는 점을 꼭 기억하자.

리서치 기술 ①:
문헌 조사

나만의 가설은 세웠는데, 이에 따라 리서치하는 일 자체가 익숙하지 않거나 어려운 경우가 있다. 동네 맛집을 찾거나, 사고 싶은 제품의 리뷰를 찾거나, 주말에 놀러갈 곳을 찾는 일은 쉬운데 왠지 보고서 작업을 할 때면 원하는 정보를 찾는 것이 그저 막막하다. 그럴 때는 아래 3가지 방법 중 하나를 활용해보자.

- **문헌 조사**: 내·외부 매체를 통해 각종 유관 자료 등을 수집
- **소비자 조사**: 사용자 인터뷰, 설문 조사 등을 진행
- **전문가 인터뷰**: 회사 내·외부 전문가를 통한 질의

원하는 정보만 똑똑하게 활용하기

첫 번째는 문헌 조사다. 쉽게 말해서 인터넷 검색, 내부 데이터 조회 등을 통해 각종 유관 자료를 수집하고 이를 분석하는 과정을 말한다. 지금처럼 인터넷이 활성화되지 않았던 시절에는 보고서 작업에 요구되는 각종 자료나 데이터들을 찾기 위해 도서관에 가서 통계집, 논문 등 각종 문헌 자료를 직접 열람해야 했다. 당시 컨설팅 기업의 신입 컨설턴트들은 필요한 자료를 얻기 위해 국립 중앙도서관에서 문 여는 시간부터 문 닫는 시간까지 하루 종일 자료를 찾고, 이를 한 장씩 전부 복사하는 것이 중요한 업무 중 하나였다. 다행히 지금 우리는 인터넷 또는 기업 내부 시스템을 통해 대부분의 자료를 찾을 수 있기 때문에 더 이상 매일 도서관에 출석할 필요는 없다.

문헌 조사를 통해 확보할 수 있는 자료는 무척 다양하다. 크게 재무 자료, 기관·협회 보고서, 서비스 지표, 투자 이력, 최신 뉴스, 키워드 통계 등이 포함된다. 회사 자체 실적과 관련된 데이터라면 내부 시스템을 통해 조회하거나, 유관 부서에 요청해서 받는 것도 가능하다. 문헌 조사의 기본은 인터넷 검색이지만, 아무리 검색을 해봐도 원하는 데이터가 잘 나오지 않는다면 다음 방법들을 함께 활용해보는 것도 도움이 될 수 있다.

자료	설명	유형	출처
재무 자료	- 대차대조표, 손익계산서, 현금흐름표 등 - 산업·기업 분석 시 필수	- 상장법인 - 외부감사의무법인 (① 자산 500억 원 이상, ② 매출 500억 원 이상, ③ 자산 120억 원 이상, 부채 70억 원 이상, 매출 100억 원 이상, 직원 100명 이상 중 2개 이상 만족)	- 금융감독원 전자공시시스템(DART)
		- 그 외 기업	- 기업신용정보(Cretop, NICE평가정보 등)* - 포털 검색(채용 사이트, 기사 등)**
기관·협회 보고서	- 산업 동향, 세부 실적 분석·전망 등 전문 정보 - 산업·기업 분석 시 유용	- 증권사 리포트	- 유료 서비스[톰슨 로이터(Thomson Reuters), 블룸버그(Bloomberg), 에프앤가이드(FnGuide) 등] - 무료 서비스(네이버증권, 한경컨센서스, 매경증권, 팍스넷 등) - 포털 검색
		- 산업별 기관·협회 자료	- 산업별로 상이
서비스 지표	- IT 서비스 운영·분석 시 필요한 다양한 정량적 지표 - 방문자 수, 재방문율, 신규 설치 수 등	- 모바일 앱	- 데이터.ai(Data.ai), 모바일인덱스(Mobile Index), 와이즈앱(Wiseapp) 등(유료)
		- PC 웹	- 시밀러웹(Similarweb) 등 (일부 기능 무료)
뉴스	- 특정 산업·기업 관련 주요 소식, 최신 이슈 등	- 일반 뉴스	- 포털 검색
		- 전문 기사	- 산업별로 상이***

키워드 통계	- 특정 기업, 제품·서비스, 이슈에 대한 최근 검색량 등	- 키워드별 검색량 추이	- 구글 트렌드, 네이버 데이터랩 등

* 유료, 신용정보 제공 이력 없는 일부 기업 확인 불가
** 일부 데이터만 제한적으로 확인 가능
*** 예로 M&A, IPO, 투자 전문 매체 〈더벨〉이 있음

    이 사이트들은 누구나 활용해볼 수 있는 대표 사례로, 이 외에도 각각 자신이 맡은 보고서의 주제나 산업에 따라 리서치 소스가 무궁무진하다. 따라서 평소에 내 업계와 업무에 맞는 리서치 소스들을 잘 기억해두고, 필요한 순간에 똑똑하게 활용하는 것이 중요하다. 평상시에도 업무 중에 좋은 자료를 접하게 되면 그 자료를 어떤 기관·매체에서 발간했는지, 사용된 데이터는 출처가 어디인지 등을 꼭 함께 파악해두자. 평소에 소소하게 쌓아둔 자료가 결정적인 순간에 큰 도움이 될 것이다.

리서치 기술 ②: 소비자 조사

두 번째로 잘 활용해볼 수 있는 리서치 방법은 소비자 조사이다. 소비자 조사란 고객 인터뷰 또는 설문 조사 등을 통해 소비자의 행동과 생각을 파악하고 이해하는 방식을 의미한다. 소비자 조사는 크게 일대일 인터뷰, 일대다 인터뷰, 설문 조사의 3가지로 구분된다.

심도 있는 대화를 원한다면, 일대일 인터뷰

먼저 일대일 인터뷰는 말 그대로 고객 한 명을 상대로 하는 인터뷰다. 상황과 목적에 맞는 참가자를 한 명 선정하면 된다. 일대일 인터뷰의 경우 한 사람과 짧으면 30분, 길면 1시간 정도를 이야기할 수 있기 때문에 상대적으로 심도 있는 질의응답이 가능하다. 또한 실제 고객이 특정 제품이나 서비스를 어떻게 사용하는지를 관찰할 수도 있으며, 충분한 대화를 통해 그동안에는 잘 발견되지 않았던 숨은 불편함이나 잠재적인 수요를 찾아낼 수도 있다. 다만 한 명에게만 의견을 듣기 때문에 상대적으로 객관성은 떨어질 수밖에 없다. 개인의 성향이나 기호에 따라 주관적인 응답을 할 확률이 높다.

예를 들어 고객이 "저는 이게 너무 불편해요. 이것부터 얼른 고쳐주면 좋겠어요"라고 응답할 수 있다. 이런 대답을 들은 많은 사람은 고객의 요청을 빠르게 반영해야겠다는 생각에 '이것부터 얼른 고쳐야겠다'라는 성급한 결론을 낸다. 그러나 그 고객 한 명만 불편하다고 생각하는 문제로, 대다수의 고객들은 거의 불편을 느끼지 않을 수도 있다. 이렇듯 일대일 인터뷰는 특정 주제나 문제에 대한 깊이 있는 대화는 가능하지만, 그 인터뷰 대상이 전체 고객을 다 대변하지 못한다는 점을 반드시 염두에 두어야 한다. 좀 더 객관적인 상황 판단과 의사결정을 위해서는 최대한 많은 사람을 상대로 일대일 인터뷰를 진행하거나, 다른 내·외부 데이터와 결합하여 교차 해석하는 과정을 거쳐봐도 좋다.

특정 그룹의 생각이 궁금할 때, 일대다 인터뷰

여러 사람을 모아놓고 그룹 단위로 한번에 진행하는 일대다 인터뷰도 있다. 일대다 인터뷰는 보통 '포커스드 그룹 인터뷰(Focused Group Interview, FGI)' 또는 '포커스드 그룹 디스커션(Focused Group Discussion, FGD)'이라고도 통용된다. 일대다 인터뷰는 4~8명 정도의 인원을 대상으로 하는 것이 일반적이다. 참가자가 이보다 적으면 객관성이나 답변의 다양성을 확보하기가 어렵고, 이보다 많으면 한 사람 한 사람의 충분한 의견을 듣기가 어렵기 때문이다. 그리고 가급적이면 특정 기준에 해당하는 사람들끼리 작은 세그먼트(단위)로 묶어서 진행하는 경우가 많다. 예를 들어 '충성 고객', '이탈 고객', '미구매 고객'으로 분류하거나, '10대 여성', '10대 남성', '20대 여성', '20대 남성'에 해당하는 사람들을 4~8명씩 모아 인터뷰하는 것이다.

일대다 인터뷰는 한 번에 여러 명과 대화할 수 있기 때문에, 일대일 인터뷰보다 상대적으로 객관적이고 효율적이라는 장점이 있다. 또한 고객 세그먼트별로 어떤 특성을 가지고 있는지도 파악하기 용이하다. 다만 일대다 인터뷰라고 해서 항상 완벽한 것은 아니다. 일대다 인터뷰에서는 참가자들이 같은 자리에 있는 다른 사람들로부터 계속해서 영향을 받게 되어 있다. 예를 들어 사람들이 모두 흰색 상품이 더 좋다고 말하면 속으로는 검은색 상품이 좋다고 생각해도 흰색을 좋아한다고 답변하거나 아예 입을 다물고 응답하지 않을 수도 있다. 이 경우에는 같은 사람을 대상으로 하더라도 일대다와 일대일 상황에서 전혀 다른 답변을 얻기도 한다. 게다가 사람이 여럿 모이면 그중에서 가장 말이 많고 목소리가 큰 사람이 언제나 한 명 정도는 있기 마련이다. 이들을 흔히 '빅 마우스(big mouth)'라고 하는데, 일대다 인터뷰를 할 때는 빅 마우스가 다른 사람들이 말할 기회를 빼앗거나, 자신의 의견을 강하게 피력하며 분위기를 휩쓸지 않게 잘 조율해야 한다. 그래서 일대다 인터뷰는 일대일 인터뷰에 비해 사회자의 역할이 무척 중요하다. 또한 일대다 인터뷰 역시 일부 고객에게만 응답을 받는 것이기 때문에 객관성 확보를 위해서 다른 내·외부 데이터를 통해 교차 검증해야 한다는 점을 잊지 말자.

객관적인 근거 자료를 위한 설문 조사

설문 조사는 다수의 고객을 대상으로 서면 질의응답을 통해 정량적인 데이터를 수집하는 방식이다. 설문 조사는 보통 수백 명에서 수천 명을 대상으로 진행되기 때문에 일대일 인터뷰, 일대다 인터뷰보다 객관성을 확보하기 용이하다는 장점이 있다. 모든 응답이 수치로 찍히기 때문에 정량적인 분석 자료나 핵심 근거 자료로 활용하기도 좋다.

설문 조사를 하다 보면 '얼마나 많은 사람에게 답변을 받아야 하지?'라는 궁금증이 생기기 마련이다. 일반적으로 설문 조사에서는 최소 300~500명 이상의 응답자를 목표로 하는 것이 좋다. 통계적 신뢰성을 확보하기 위해 권장하는 모수는 보통 500~1,000명 이상이다. 설문지를 잘 설계하는 것도 무척 중요하다. 어떻게 질문하느냐에 따라 원하는 답을 얻을 수도, 얻지 못할 수도 있기 때문이다. 그리고 같은 질문도 어떻게 표현하는지에 따라 응답자의 솔직한 답을 들을 수도 있고, 왜곡된 답을 들을 수도 있다. 그러다 보니 설문 조사는 장점도 많지만 설문 설계, 응답자 모집, 결과 분석 등에 시간과 노력이 상대적으로 많이 소요될 수 있다.

소비자 조사에서는 일대일 인터뷰든, 일대다 인터뷰든, 설문 조사든 꼭 주의해야 하는 점이 하나 있다. 바로 '응답자의 말을 액면 그대로 받아들이면 안 된다'는 것이다. 이와 관련된 대표적인 사례로 넷플릭스를 들 수 있다. 구독 플랫폼 중 세계 1위라 할 수 있는 넷플릭스도 한때는 '어떻게 하면 가입자 수를 더 공격적으로 늘릴 수 있을까?'에 대한 고민이 많았다고 한다. 그래서 인터뷰와 설문 조사를 통해 직접 "어떻게 하면 넷플릭스에 가입하실 건가요?"라고 물어봤다. 많은 사람이 "넷플릭스에 어떤 영상이 있는지 미리 보여주면 가입할 것 같아요"라고 대답했다. 회원 가입 전에는 넷플릭스에 어떤 영상이 있는지 모르니까 가입을 주저하게 되는데, 어떤 영상이 있는지를 알면 가입을 결정하기가 훨씬 수월할 것이라는 뜻이었다. 넷플릭스는 사람들이 대답한 그대로 넷플릭스가 가진 모든 영상의 리스트를 공개했다. 결과는 어땠을까? 놀랍게도 회원 가입률은 전혀 개선되지 않았다. 고객이 해달라는 것을 그대로 해줬는데도 말이다.

결과에 무척 의아해한 넷플릭스는 방향을 조금 틀어서 새로운 테스트를 진행했다. 넷플릭스에 접속한 사람들을 두 그룹으로 나눠, A그룹에게는 넷플릭스가 가진 모든 영상 리스트를 보여줬고, B그룹에게는 기존과 같이 단순한 서비스 소개와 가입 버튼만 보여주고 '한 달 무료 체험권'을 추가로 제공했다. 그러자 놀라운 일이 일어났다. B그룹의 회원 가입률이 빠른 속도로 엄청나게 늘어났다. 넷플릭스의 방대한 영상 리스트를 보여주는 대신 한 달 동안 무료로 고객들이 직접 원하는 영상을 찾아서 시청하게 하니, 이용 경험에 만족한 고객들이 무료 체험이 끝난 뒤에도 정기 구독 고객으로 전환해 서비스를 계속 이용한 것이다.

고객들은 "넷플릭스에 어떤 영상이 있는지 알고 싶어요"라고 말했지만 사실은 넷플릭스가 매달 구독료를 낼 만큼 가치가 있는지, 자기 마음에 드는 서비스인지 알고 싶었던 것이다. 그것을 확인하기 위해서는 넷플릭스가 보여주는 수많은 영상 목록을 일일이 확인하는 것이 아니라, 직접 내가 원하는 영화와 드라마를 찾고 즐기는 시간이 필요했다. 이렇듯 사용자가 필요하다고 겉으로 표현하는 것과 실제로 필요로 하는 것은 다른 경우가 많다.

포드자동차의 창시자 헨리 포드는 이런 말을 남겼다.

"사람들에게 무엇을 원하는지 물어보면, 자동차 대신 더 빠른 말을 달라고 했을 것이다."

애플의 스티브 잡스도 비슷한 말을 했다.

"사람들은 직접 보여주기 전까지는 무엇을 원하는지 모른다."

이처럼 사람들이 자신의 니즈, 행동을 정확하게 파악하지 못하는 경우는 의외로 많다.

인터뷰에서 흔히 하는 질문 중 하나로 '이 제품(서비스)을 얼마나 자주 사용하시나요?'가 있다. 그런데 생각해보면, 우리가 특정 제품이나 서비스를 얼마나 자주 사용하는지는 사용할 때마다 일일이 기록하지 않는 이상 정확하게 파악하기 어렵다. 따라서 소비자 조사에서 나온 답변이 실제 고객의 행동이나 데이터와는 사못 다른 경우가 상당히 많다. 그렇기 때문에 소비자 조사를 할 때는 반드시 대내·외적인 다른 데이터들과 교차 검증을 하면서 해석할 필요가 있다.

이것이 소비자 조사가 무의미하다는 뜻은 결코 아니다. 소비자를 직접 관찰할 때만 얻을 수 있는 인사이트도 분명히 있다. 포인트는, 소비자가 말하는 것과 그들이 필요로 하는 것은 차이가 있을 수 있다는 점을 인지하고 조사해야 한다는 점이다.

리서치 기술 ③: 전문가 인터뷰

마지막으로 살펴볼 리서치 방법은 전문가 인터뷰다. 전문가 인터뷰란 해당 주제나 산업, 기업, 제품, 서비스에 대해 잘 알고 있는 사람에게 질문하고 의견을 구하는 행동을 의미한다. 전문가 인터뷰의 가장 큰 장점은 문헌 조사나 소비자 조사로는 얻을 수 없는 전문적인 인사이트와, 실제 현장의 경험과 데이터를 확보할 수 있다는 점이다. 일정 기간 이상 한 산업에 실제로 종사한 사람들을 대상으로 하기 때문에 해당하는 영역과 관련해서는 가장 전문적인 정보와 인사이트를 얻을 수 있다.

물론 전문가 인터뷰를 할 때도 유의할 점이 있다. 해당 업계 종사자라고 하더라도 그 사람의 담당 업무와 연차, 역량 등에 따라 답변의 품질이 크게 차이 날 수 있다. 전문가가 하는 말이라고 해서 무조건 다 믿고 의존하기보다는, 소비자 조사와 마찬가지로 다른 정보와 함께 교차 검증하고 해석하는 것이 중요하다.

업계의 숨은 고수들, 어디서 만날 수 있을까?

전문가는 어떻게 구할 수 있을까? 정작 찾으려고 하니 막막하기만 하다. 전문가 인터뷰를 소싱하는 방법에는 크게 3가지가 있다.

먼저 전문가 인터뷰를 연결해주는 에이전시를 활용할 수 있다. 거슨러먼그룹(GLG), 써드브릿지(Third Bridge), 가이드포인트(Guidepoint)와 같은 에이전시들은 다양한 산업, 직군에 대해 방대한 전문가 데이터베이스를 보유하고 있기 때문에 언제 어떤 전문가와의 연결을 요청하더라도 신속하게 검증된 전문가와 인터뷰할 수 있다는 장점이 있다. 다만 이러한 에이전시들을 이용하게 되면 보통 인터뷰 1시간당 100~200만 원 정도의 비용이 들어간다. 컨설팅 펌이나 IB/PE 등 금융권 회사에서 이러한 전문가 에이전시를 주로 이용한다.

만약 비용 부담으로 전문 에이전시를 이용하기가 어려운 상황이라면 직접 본인이 전문가들을 찾아서 연락하는 것도 방법이다.

요즘은 링크드인 등 커리어 관련 소셜미디어가 활성화되어 있기 때문에 이를 잘 활용하면 내가 원하는 업계, 기업, 직군의 전문가를 쉽게 찾아낼 수 있다. 그리고 메시지, 메일 등을 통해 정중하게 전문가 인터뷰를 요청하는 것이다. 모르는 사람에게 처음 연락을 하는 것이니 만큼 본인이 누구이며, 어떤 상황에서, 어떤 이유로, 무엇을 묻기 위해 연락하는지 잘 설명해야 한다. 이러한 방식을 '콜드 컨택(cold contact)'이라고 한다. 콜드 컨택은 전문 에이전시를 사용하는 것보다 비용은 덜 들지만, 전문가를 찾고 인터뷰를 얻어내기까지 많은 노력을 요구한다.

주변 직장 동료, 업계 지인을 통해 소개받는 것도 좋은 방법이다. 전문적이지 않은 방법처럼 느낄 수 있지만 현업에서 가장 활발하게 이용되는 방법이다. 지인 네트워크를 통해 전문가를 섭외하면 비용이 적게 들 뿐만 아니라 일반 콜드 컨택보다 인터뷰 수락률이 높다는 장점이 있다. 대신 말 그대로 알음알음 찾아야 하기 때문에, 접근 가능한 전문가 풀이 전문 에이전시를 활용하는 방식이나 링크드인 등을 통한 콜드 컨택에 비해서는 상대적으로 좁다.

보고서에 들어갈 핵심 정보를 조사하는 대표적인 3가지 리서치 방법에 대해 간단히 살펴보았다. 리서치를 할 때는 어떤 방법과 어떤 소스가 있는지를 아는 것도 중요하지만, 결국에는 내가 몸담고 있는 업계와 업무 특성, 상황에 맞는 리서치 감각을 열심히 훈련하는 것이 중요하다. 반도체 회사 물류팀에 다니는 과장과, 화장품 회사 마케팅팀에 있는 사원이 필요로 하는 데이터는 완전히 다를 수밖에 없기 때문이다. 따라서 앞서 소개한 리서치 방법과 특징, 유의사항을 참고하되 결국에는 자기만의 리서치 노하우를 끊임없이 갈고닦아야 한다는 점을 잊지 말자.

필요한 정보만 쏙!
재무제표 정복하기

기업 분석에 필요한 다양한 정량적 정보 중 사람들이 가장 어려워하는 항목으로 재무 분석이 있다. 용어도 어렵고, 숫자만 봐도 울렁증이 생긴다. 그럼에도 우리가 반드시 재무 분석을 해야만 하는 이유는 기업의 과거와 미래를 한 번에 파악할 수 있기 때문이다. 특히 기업의 재무 정보를 잘 정리해둔 표인 '재무제표'는 기업의 역사를 그대로 나타내는 발자국과 같아서, 사업 구조, 경영 역량, 경쟁 우위 등을 모두 담고 있다. 해당 산업에서 어떤 기업이 가장 잘하고 있는지, 그 기업은 어떤 부분을 왜 잘하는지 등 우리가 당면한 문제를 해결하기 위한 직·간접적인 통찰을 얻을 수도 있다. 따라서 재무에 대한 기본적인 이해가 있는 사람과 그렇지 않은 사람은 차이가 날 수밖에 없다.

다행히 우리 일상 업무에서는 재무·회계에 대한 아주 기본적인 지식과 관심만 있어도 그렇지 않은 사람과 비교해 훨씬 많은 정보와 다양한 관점을 가질 수 있다. 지금부터는 꼭 필요한 수준의 재무적 개념과, 이를 통해 어떤 통찰을 얻을 수 있는지에 대해 간단히 살펴보겠다. 재무제표를 구성하는 3가지 요소인 재무상태표, 손익계산서, 현금흐름표를 차례로 알아보자.

재무상태표: 기업의 가계부

재무상태표란 한 기업의 자산, 부채, 자본 현황을 볼 수 있는 표로, 부채와 자본은 왼쪽에 표시되고 자산은 오른쪽에 표시된다. 이때 부채는 남에게 빌린 돈, 자본은 내 돈이며, 자산은 부채와 자본의 합이므로 재무상태표에서 좌변의 합과 우변의 합은 항상 동일해야 한다. 우리가 아파트를 샀다고 가정해보자. 아파트 가격은 6억 원인데, 내 수중에는 2억 원밖에 없어서 은행에서 4억 원을 대출받았다. 아파트 가격인 6억 원은 모두 자산에 기록되며 실제 내 돈이었던 2억 원은 자본에, 은행 대출 4억 원은 부채에 기록된다.

현금으로 쉽게
바꿀 수 있는 것들
(현금, 은행 예치금, 1년 내로
돌려받을 남에게 빌려준 돈 등)

은행·타인에게 빌린 돈
(대출, 결제 대금, 외상 등)

재무상태표

자산		금액	부채 및 자본		금액
유동자산	현금	2,138,000	유동부채	외상매입	9,226,000
	보통예금	17,655,000		신용카드	9,100,000
	외상매출	3,483,000		지급어음	1,000,000
	받을어음	(200,000)		미지급금	100,000
	가지급금	-		예수금	400,000
	부가세대급금	2,936,000		부가세예수금	1,881,000
	상품	10,000,000		선수금	-
	원재료	2,000,000		소계	21,707,000
	소계	38,012,000	자본금	자본금	60,000,000
고정자산	차량운반구	7,000,000		소계	60,000,000
	비품	20,400,000			
	소계	27,400,000			
	합계	65,412,000		당기순손실	(16,295,000)
				합계	65,412,000

현금으로 쉽게 바꾸기
어려운 것들
(생산·사업 활동과 관련된 토지,
건물, 기계, 자동차 등)

자산은 크게 유동자산과 고정자산으로 구분된다. 유동자산은 현금처럼 유동적으로 사용할 수 있는 자산이다. 유동자산에는 현금, 은행 예치금, 남에게 빌려줬지만 곧 받기로 되어 있는 돈 등이 포함된다. 고정자산은 내 자산이기는 하지만 현금으로 금방 바꾸기 어려운 것을 의미한다. 고정자산에는 생산·사업 활동과 관련된 토지, 건물, 기계, 자동차 등이 포함된다. 부채도 성격에 따라 유동부채와 그렇지 않은 부채로 나눌 수 있다.

일단 우리에게 필요한 수준의 분석에는 이 정도만 이해하고 있어도 충분하다. 전문 용어를 다 아는 것보다 중요한 것은 재무상태표의 의미를 이해하는 것이다.

재무상태표는 쉽게 말해 가계부와 비슷하다. 우리가 소득 수준이나 자산 규모에 비해 대출이 많으면 위험하다고 생각하듯, 기업도 마찬가지다. 해당 기업의 부채 비율이 업계 평균이나 유사 업체 대비 지나치게 높다면 조심해야 한다. 이자 비용도 많이 들것이고, 상환 시점에 충분한 현금이 없다면 멀쩡하던 기업도 갑자기 파산할 수 있기 때문이다.

손익계산서: 매출 구조 확인하기

손익계산서와 현금흐름표를 분석할 때는 해당 기업이 어떤 산업에 속해 있는지를 보고, 동종 업계에 있는 다른 업체들과 수치를 비교하는 게 좋다. 예로, 부채 비율이 50%라고 하면 높은 것인지 낮은 것인지 기준이 없기 때문에 판단하기 어렵다. 공장이나 창고, 큰 설비가 많이 필요한 제조업, 건설업에서는 자산 규모도 크고, 해당 자산을 구입하기 위해 대출을 받는 경우도 많으므로 부채 비율도 상대적으로 높다. 반대로 대형 설비가 필요하지 않은 IT 기업들은 상대적으로 자산 규모도 작고, 부채 비율도 낮은 경우가 많다. 따라서 재무제표를 볼 때는 해당 기업이 어떤 산업에 속해 있는지, 같은 산업에 속한 다른 기업과는 어떤 차이가 있는지 반드시 비교해야 한다. 예를 들어 동종 업계의 평균 부채 비율이 30%인데 내가 살펴보고 있는 기업은 부채 비율이 50%라면 확실히 많은 부채를 떠안고 있는 경우이니 상대적으로 리스크가 높다고 해석해야 할 것이다. 재무 분석을 할 때는 이런 상황을 잘 고려하고 비교하면서 숫자들을 보면 큰 도움이 된다.

이제 본격적으로 손익계산서를 살펴보자. 우리가 산업·기업 분석을 할 때 가장 자주 활용하는 것은 손익계산서다. 손익계산서는 크게 매출, 매출원가, 판관비(판매관리비), 영업이익의 4가지 항목으로 나눌 수 있다. 매출에서 매출원가와 판관비를 빼면 해당 사업을 통해 벌어들인 영업이익이 나온다. 매출원가는 일반적으로 개별 상품을 제조하는 데 직접적으로 투입되는 원가를 의미하며, 판관비는 인건비나 마케팅비 등 부수적인 각종 비용이라고 이해하면 된다. 아이스크림 기업을 떠올리면 아이스크림을 만들기 위한 재료인 우유, 설탕 등은 매출원가이며, 인건비, 홍보비, 배송비 등은 판관비에 포함된다.

매출원가는 수익성을 결정하는 중요한 요소 중 하나다. 같은 상품을 팔아도 매출원가가 높으면 이익이 덜 남을 수밖에 없다. 흔히 'IT 기업은 수익성이 좋다'라고 생각하는 것도 이러한 이유

때문이다. IT 기업은 상품을 하나 개발하면 10개를 팔든 100개를 팔든 추가로 들어가는 비용이 거의 없으므로 수익성도 자연스럽게 커지는 것이다.

판관비의 구성과 규모는 회사가 어떤 사업을 하느냐에 따라 달라지기 때문에 매출 대비 각 항목의 비율을 살펴보는 것이 중요하다. 그리고 그 비율이 업계 평균이나 유사 업체와 비교해 어떻게 다른지 살펴봐야 한다. 예를 들어 한 회사가 동종 업계와 비교해 매출 대비 특정 비용을 상대적으로 많이 쓰고 있다면 비용 절감을 통해 영업이익의 개선이 가능한 항목이라고 생각해볼 수 있다.

손익계산서에 담긴 용어를 통해 회사의 매출이 어떤 방식으로 발생하는지도 알 수 있다. 회사가 직접 제작한 제품을 판매하는 경우 '제품원가'를 투입해 '제품매출'을 발생시킨다. 다른 회사에서 만든 물건을 사서 되파는 경우 '상품원가'를 투입해 '상품매출'을 발생시킨다. 수수료 사업 모델로 돈을 버는 회사는 매출원가가 아예 잡히지 않는 경우가 많다.

현금흐름표: 기업의 생존력 판단하기

일반적으로 보고서를 쓸 때 손익계산서를 중심으로 살펴보는 경우는 많지만, 재무상태표나 현금흐름표까지 자세하게 보는 경우는 많지 않다. 하지만 실제 회사를 운영하는 입장에서는 현금흐름표가 정말 중요하다. 이번 달 월급이 300만 원 들어오는데 카드비가 500만 원 빠져나가야 하는 상황에서, 통장 잔고가 100만 원밖에 없다면 큰 문제가 되지 않겠는가?

영업 활동

실제 사업에서
발생한 현금 유출입

투자 활동

유·무형 자산을
취득·매각해서 발생한
현금 유출입

재무 활동

대출, 상환, 배당 등으로
인한 현금 유출입

현금흐름표는 영업 활동으로 인한 현금흐름, 투자 활동으로 인한 현금흐름, 재무 활동으로 인한 현금흐름의 3가지 항목으로 구성된다.

영업 활동으로 인한 현금흐름은 사업을 통해 발생한 현금 유출입을 의미한다. 쉽게 이야기하면 우리가 열심히 일해서 번 월급에서 매달의 생활비를 빼는 것과 비슷한 개념이다.

투자 활동으로 인한 현금흐름은 유·무형 자산을 취득하거나 매각해서 발생한 현금 유출입을 의미한다. 예를 들어 집이나 주식 등을 사고파는 과정에서 오고가는 돈이다. 집을 사면 내 자산이 되지만 당장 내 계좌에서 현금이 빠져나간다. 그래서 투자를 열심히 할수록 투자 활동으로 인한 현금흐름은 마이너스가 된다. 반대로 집을 팔면 내 자산이 사라지지만 대신 그 집을 판 현금이 내 계좌로 입금된다. 이 경우에는 투자 활동으로 인한 현금흐름이 플러스로 기록된다.

재무 활동으로 인한 현금흐름은 대출, 상환, 배당 등으로 인한 현금 유출입을 의미한다. 개인으로 치면 주택담보대출 상환, 신용대출 상환, 주식배당금 입금 등을 떠올리면 쉽다.

이 3가지 현금흐름이 모두 플러스 상태여야 하는 것은 아니다. 일반적으로 영업 활동으로 인한 현금흐름은 플러스, 투자 활동과 재무 활동으로 인한 현금흐름은 마이너스를 띠는 것을 이상적이라 보는 경우가 많다. 개인에 비유하면 생활비에 비해 월급이 많고(영업 활동으로 인한 현금흐름=플러스), 그 돈으로 주식이나 부동산을 사서 꾸준히 미래를 준비하며(투자 활동으로 인한 현금흐름=마이너스), 동시에 대출금을 잘 갚아나가는(재무 활동으로 인한 현금흐름=마이너스) 상황과 비슷하다. 말로만 들어도 무척 이상적이지 않은가?

현금흐름표에서 마지막으로 알아둘 것은 '기말현금'이다. 기말현금은 은행 잔고와 같은 개념인데, 상황에 따라 기말현금을 눈여겨봐야 하는 경우가 있다. 예를 들어 사업 활동에서 계속 적자가 발생 중인 기업이라면 은행 잔고가 해당 기업의 잔여 생존 기간을 결정할 수 있기 때문이다. 은행 잔고가 얼마 안 남은 상태에서 흑자 전환을 하지 못하거나, 추가 대출이나 투자를 받지 못하면 사업이 크게 쇠락하거나 갑자기 파산할 수도 있다.

이렇듯 재무제표에는 우리가 해당 산업과 기업을 이해하는 데 필수적인 정보가 많이 포함되어 있다. 따라서 직군을 막론하고 재무제표를 조금이라도 알아두면 모르는 사람과 비교해 업무 능력에서 큰 차이가 날 수밖에 없다. 앞으로는 숫자에 겁먹지 말고, 재무제표를 통해 나에게 필요한 정보를 쏙쏙 얻어내자.

생각의 정리

좋은 메시지를 도출하는 방법을 알아보기 전에 먼저 짚고 넘어가야 하는 것이 있다. 바로 '생각 정리'다. 같은 정보와 아이디어를 가졌어도, 생각을 잘 정리한 사람과 그렇지 않은 사람은 큰 차이를 보이게 된다. 생각을 잘 정리정돈하는 것을 '생각의 구조화'라고도 부른다. 생각의 구조화를 능수능란하게 하는 사람은 보고서 작성을 포함한 다양한 업무에서 경쟁력을 가질 수 있다. 생각의 구조화가 주는 이점은 다음 3가지다.

- 인과관계를 명확하게 파악할 수 있음
- 간결·명료하면서도 강력한 논리를 세울 수 있음
- 의사결정의 확실한 기준을 만들어줌

먼저 생각의 구조화는 주장에 대한 인과관계를 보다 명확하게 해준다. 구조화가 잘 이루어진 주장은 상대가 '이것 때문에 이렇게 되는 거구나'라고 명확하게 이해할 수 있다. 반대의 경우에는 주장에 대한 신뢰도가 약해진다.

그리고 간결·명료하면서도 강력한 논리를 정리하는 데 큰 도움이 된다. 아무리 좋은 내용도 중언부언 장황하게 쓰여 있다면 내용이 눈에 잘 들어오지 않는다. 깔끔하게 구조화된 문서는 내가 강조하고 싶은 메시지를 상대가 쉽고 명확하게 파악할 수 있게 돕는다.

마지막으로, 의사결정의 확실한 기준을 만들어주기도 한다. 생각이 잘 정리된 사람은 '이럴 땐 이렇게, 저럴 땐 저렇게'라는 행동의 이유와 기준이 있다. 반대로, 생각이 잘 정리되지 않으면 지금 어떤 행동을 해야 하는지, 왜 이렇게 해야 하는지 모두 불분명할 확률이 높다.

생각의 구조화로 문제 해결하기

생각의 구조화가 되지 않았을 때 어떤 일이 발생할 수 있는지 구체적인 사례와 함께 살펴보자. 친구와 식당에 갔는데 손님이 한

명도 없다. 왜 그럴까? 다양한 이유가 있을 수 있다. 이때 생각의 구조화 없이 예상되는 원인을 각자 느낌에 따라 늘어놓으면 어떻게 될까? "여기는 한식을 안 팔아서 그래", "간판이 너무 올드한데?", "위치가 애매해", "사장님이 불친절하신 거 같네" 등 생각이 구조화되지 않은 상태로 논의를 진행하다 보면 진짜 원인은 결코 밝혀내지 못할 것이다. 그리고 어떤 의견도 충분한 설득력을 가지기 어렵다. 모든 의견에 "그럴 수도 있겠네, 하지만 확실한 건 아니잖아?"라고 답할 수 있기 때문이다. 이럴 때 도움이 되는 것이 바로 생각의 구조화다. '식당에 손님이 없는 이유'를 구조화해서 살펴보자.

손님 수는 식당 주변을 지나가던 사람 중 몇 명이나 들어오는지에 따라 결정되므로 '유동 인구×전환율'이라고 생각해볼 수 있다. 알고 보니 이곳은 번화가로 유동 인구가 많은 곳이다. 그렇다면 우리는 전환율에 문제가 있다고 짐작할 수 있다.

전환율에 영향을 미치는 요소는 다양하기 때문에 적절한 기준으로 분류해준다. 여기서는 외적 요소와 내적 요소로 나누어본다. 외적 요소에는 계절과 시간 등이, 내적 요소에는 메뉴, 맛, 서비스, 인테리어 등이 있다. 구조화를 할 때는 각 요소가 서로 중복되지 않으면서도, 빠진 것이 없게 정리하는 것이 무척 중요하다. 이를 'MECE(Mutually Exclusive Collectively Exhaustive)'라고 한다.

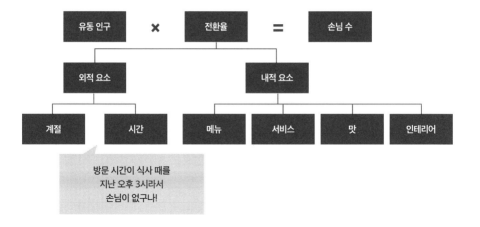

중요한 요소를 빠뜨리지 않고 구조를 잘 정리했다면, 이제 각 요소가 실제 이유인지 아닌지를 하나씩 검증하면 된다.

살펴보니 이 식당의 메뉴는 계절을 타거나 호불호가 갈리지 않으며, 맛이나 서비스에 대한 고객 만족도도 나쁘지 않고, 인테리어도 주변과 비교해 열악하지 않았다. 그렇다면 왜 손님이 없었을까? 알고 보니 이곳은 유동 인구도 많고 식사 시간에는 원래 사람이 많은 곳인데 그저 내가 방문한 시간이 남들이 식사를 하지 않는 오후 3시였던 것이다.

이렇게 생각의 구조화는 체계적이고 효율적으로 문제의 원인을 파악하고 미래의 전략적인 방향성을 잡는 데 큰 도움이 된다. 생각의 구조화가 없었다면 '한식을 안 팔아서, 간판이 올드해서, 위치가 애매해서, 사장님이 불친절해서' 등 진짜 원인과는 거리가면 각자의 가설로 끝없는 논쟁을 펼쳤을 수 있다. 이 예시에서는 생각의 구조화를 원인 파악을 위한 체크리스트로 활용했지만 이 외에도 생각의 구조화가 가지는 장점은 무궁무진하다.

이번에는 보다 복잡한 상황을 떠올려보자. 실제 비즈니스 현장에서 마주하는 복잡한 문제들은 제아무리 똑똑한 사람들이라도 생각 정리 없이는 제대로 된 분석과 해결책을 내놓기 어렵다. 예를 들어 회사가 최근 계속해서 적자를 면치 못하고 있는 상황에서 그 원인을 찾아보자. 누군가는 "금리가 너무 올랐다"라고 말하고, 누군가는 "경쟁이 너무 치열하다"라고 말한다. 비용을 관리하는 팀에서는 "인원이 너무 많다", "마케팅비를 너무 많이 쓰나?", "회사 비품을 좀 줄여야 하나?"라는 의견을 낼 수도 있다. 때로는 "이 팀이 일을 못해서", "저 팀이 일을 못해서"라고 서로를 탓하는 안타까운 상황도 벌어질 수 있다. 이제 생각의 구조화를 통해 접근해보자.

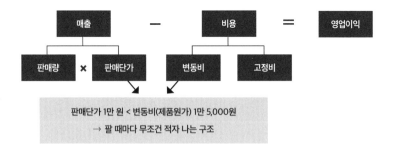

적자라는 것은 영업이익이 마이너스를 기록했다는 의미다. 영업이익은 '매출-비용'으로 계산된다. 그렇다면 매출이 너무 적거나, 비용이 너무 많다고 생각할 수 있다. 매출은 제품 판매량에 판매단가를 곱한 값이다. 비용은 여러 가지 방식으로 구분할 수 있지만 여기서는 변동비와 고정비로 구분해보자. 변동비란 제품원가, 수수료처럼 제품 판매량에 비례해서 증가하는 비용을 의미한다. 고정비는 인건비, 임대료처럼 제품을 1개 팔든, 100개 팔든 지출이 동일하다. 앞서 말한 것처럼 구조를 잡을 때는 중요한 것을 빠트리지 말고, 서로 중복되는 것이 없도록 정리하는 것이 중요하다. 이제 차분하게 하나씩 살펴보자.

알고보니 이 회사는 판매량은 꾸준히 늘지만 판매단가가 낮은 것이 큰 문제였다. 제품 1개당 1만 원에 팔고 있는데, 제품을 하나 만드는 데 들어가는 원가는 1만 5,000원인 것이다. 이렇게 되면 물건을 팔 때마다 무조건 적자가 날 수밖에 없다. 이 경우에는 인원이 몇 명인지, 마케팅비에 얼마를 쓰는지, 비품 사용량이 얼마나 되는지는 일단 중요하지 않다. 해당 제품과 사업에 대한 근본적인 고민이 필요한 시점이다.

이처럼 구조화는 원인과 결과가 복잡하게 뒤엉킨 환경에서 우리가 좀 더 명확하게 인과관계를 파악하고, 올바른 방향을 설정할 수 있도록 해주는 지침 역할을 한다. 구조화된 접근을 하는 것은 지도를 보면서 미로를 탈출하는 것과 비슷하다. 미로가 어떻게 생겼는지를 아니까, 전체를 조망하면서 최대한 효율적이고 빠르게 길을 찾아갈 수 있다. 반대로 구조화가 제대로 되지 않은 경우라면? 전체적인 구조가 어떻게 생겼는지를 전혀 모르기 때문에 헤맬 수밖에 없다.

생각의 구조화는 보고서를 쓸 때 반드시 활용해야만 하는 무기다. 주어진 과제와 관련된 모든 핵심 요소를 빠짐없이 고려해서 문제를 진단한 뒤, 이를 어떻게 해결할 수 있는지 다각적으로 바라보고 최적의 솔루션을 제시하면 된다. 처음에는 생각의 구조화가 익숙하지 않을 수 있지만, 의식적으로 훈련하면 누구나 보고서 작성에 필요한 정도는 충분히 해낼 수 있다. 앞으로는 일상에서, 회사에서 나에게 주어진 문제를 구조화하는 연습을 꾸준히 해보자.

올바른 분석과 의견 제시

A는 회사에서 최근 핫하게 떠오르는 AI 시장과 관련된 보고서를 작성하게 되었다. 시장 동향부터 시장의 성장률, 몇 년 뒤 예상되는 시장 규모까지 열심히 조사했다. 리서치를 하다 보니 투자 시장이 얼어붙은 기간에도 AI 기업들은 수천억 단위의 투자를 받는 경우가 많았다는 것을 알게 되었고, 어떤 업체가 얼마나 투자를 받았는지도 잘 정리해서 보고서에 첨부했다. 시장 규모, 성장률, 투자 내역 등 핵심 데이터가 모두 들어 있으니 이 정도면 충분한 것 같다. A는 PPT도 무척 잘 만든다. 대충 봐도 완성도가 무척 높아보이는 보고서가 완성됐다. 자신만만하게 회사에 공유하고 발표했다. 그런데 반응이 영 신통치 않다. 누군가 물어본다. "그래서 어떻게 하자는 건가요?", "이게 우리랑 어떤 관련이 있죠?"라고

말이다. A는 대답할 수 없었다.

또 다른 사례를 살펴보자. B는 서비스 장애와 관련된 지표가 이전 대비 2배 가까이 상승한 것을 발견했다. 빠르게 대응해야겠다는 생각이 들던 찰나, 때마침 예전에 누군가 서비스 장애를 줄이는 데에는 C솔루션을 쓰면 좋다고 했던 것이 생각 났다. 급한 마음에 B는 최근 장애 발생 수 증가 추이와 함께 C솔루션의 도입이 시급하다는 제안을 담은 보고서를 공유했다. 사람들이 질문을 쏟아낸다. "서비스 장애는 왜 갑자기 2배 이상 증가했나요?", "최근 장애랑 C솔루션 도입이랑은 무슨 상관인가요?, "C솔루션을 도입하면 정확히 뭐가 좋아지는 건가요?"라고 말이다. 신속한 장애 공유는 좋았지만 미처 이런 질문들에 준비가 되지 않았던 B는 아무런 대답도 하지 못했다.

1장에서, 보고서를 쓸 때 가장 중요한 것이 무엇이라고 했는지 기억하는가? 맞다. '어떤 청자가, 어떤 상황에서, 어떤 결과물을 바라는지 정확히 파악하는 것'이다. 보고서의 성패를 판단하는 가장 간단한 지표는 '보고 중 날아온 예상치 못한 질문에 대답할 수 있는가'다. 대답할 수 없다면 청자에게 원하는 결과물을 제대로 전달하지 못했다는 의미가 되기 때문이다.

듣는 이가 원하는 결과물을 제공하기 위해서는 2가지가 필요하다. 첫 번째로 '그래서 어떻게?'에 대한 답이 있어야 한다. 영어로는 'So What'이라고 한다. 이는 앞서 이야기했던 메시지의 필수 조건과도 일맥상통한다. 내가 하는 말이 단순 정보 전달을 넘어 메시지가 되기 위해서는 최소한 그것이 '위기 상황에 대한 경보'여야 하기 때문이다. '문제 해결에 대한 솔루션'까지 제시한다면 더 좋다. 이것이 보고서에 담아야 하는 '그래서 어떻게?'에 대한 답이며, 이에 따라 보고서의 수준과 상대방의 만족도는 크게 달라질 수 있다.

- **보고서 Lv. 1**: 단순 정보 전달 → 만족도 10~25%

- **보고서 Lv. 2**: 위기 상황에 대한 경보 → 만족도 50%

- **보고서 Lv. 3**: 문제 해결에 대한 솔루션 → 만족도 100%

앞서 살펴본 A가 사람들의 질문에 대답하지 못한 이유는 바로 '그래서 어떻게?'에 대한 답이 없었기 때문이다. AI 산업 동향을 파악한 것은 좋았는데 그것이 어떤 문제 또는 기회가 될 수 있는지, 앞으로 조직이 어떤 행동을 취하면 좋은지에 대한 내용은 없었다. "경쟁사는 모두 AI를 도입해서 성과를 개선하고 있는데 우리는 관련 진행 상황이 전무합니다"라는 위기 상황에 대한 경보나, "우리도 ○○ 분야에 AI를 도입해서 성과를 개선해야 합니다"

라는 문제 해결에 대한 솔루션을 제시했다면 A는 좀 더 성공적으로 보고를 마쳤을 것이다.

듣는 이에게 원하는 결과물을 제공하기 위한 두 번째 방법으로 '왜 그렇게?'에 대한 답이 있어야 한다. 영어로는 'Why So'라고 표현한다. 특정 현상이나 문제, 제안에 대한 이유를 묻는 질문으로, 이유가 명확하지 않으면 분석과 제안의 설득력이 떨어진다. 앞서 B가 C솔루션 도입 제안과 관련한 보고 자리에서 사람들의 질문에 답하지 못한 이유는 바로 '왜 그렇게?'에 대한 이유가 부족했기 때문이다. 문제 상황을 공유하고 솔루션을 제안한 것은 좋았는데 이 문제가 왜 발생했는지, 왜 C솔루션을 따라야 하는지 충분히 설명하지 못했다. 예를 들어 서비스 장애가 2배 증가한 이유에 대해 "최근 서비스 이용자 수가 급격히 증가하면서 관련 장애도 함께 증가했습니다"라며 특정 현상이 발생한 이유에 대해 설명하고, "C솔루션을 도입하면 이러한 유형의 장애가 발생하기 전에 미리 경고를 띄워줘서 사전 대응이 가능해집니다"라고 솔루션의 필요성을 설명했다면 보다 설득력 있는 제안이 되었을 것이다. 한 발 나아가 "비용 면에서도 장애 대응 인력을 따로 고용하는 것보다 더 효율적입니다"라고 청자들이 궁금해할 내용도 미리 짚어주었다면 더 좋았을 것이다.

정리하자면 '그래서 어떻게?'는 보고서에 메시지와 의미를 부여해주는 요소다. 각종 정보가 꽉꽉 차 있어도 'So What'이 부족한 보고서는 용두사미가 되게 마련이다. 반대로 '왜 그렇게?'는 보고서에 강한 설득력과 신빙성을 더해준다. 'Why So'가 부족한 보고서는 '무슨 이야기를 하는지는 알겠는데 딱히 마음이 동하지는 않는' 결과를 내고 만다.

3가지 질문과 레버리지 활용하기

이제부터는 '그래서 어떻게?', '왜 그렇게?'라는 질문을 좀 더 능숙하게 던지고 습관적으로 활용할 수 있는 방법을 알아보자. 내 경험에 따른 팁 2가지를 소개한다. 먼저, 특정 현상이나 아이디어를 마주했을 때 아래의 질문들을 스스로 던지고 대답하는 습관을 들이도록 하자.

"왜 그렇지? 정말 그런가?"
"그래서 어떻게 하면 되지?"
"내가 놓치고 있는 것은 없을까?"

첫 번째 질문은 '왜 그렇지? 정말 그런가?'다. 근본적인 원인이 무엇인지, 겉으로 보이는 것과 실제가 다르지는 않은지 내 생각이든 상사의 생각이든 틀린 부분이 없는지 등을 여러 각도로 검증하고 검토해보는 과정을 거치는 것이다.

두 번째 질문은 '그래서 어떻게 하면 되지?'다. 문제를 발견하면 해결해야 하고, 현 상황에 만족하지 않는다면 개선해야 한다. 혼자서 아이디어를 떠올리기 어렵다면 다른 회사는 어떻게 하고 있는지, 다른 회사는 왜 이렇게 하지 않는지를 살펴보는 것도 좋다. 이렇게 하면 생각의 범위가 훨씬 넓어지고, 좀 더 단단하고 현실성 있는 아이디어를 만드는 데도 큰 도움이 된다.

세 번째 질문은 '내가 놓치고 있는 것은 없을까?'다. 생각의 구조화를 통해 종합적인 관점에서 생각을 잘 정리했더라도 놓친 부분이 있을 수 있다. 이때는 '사람들이 보고를 듣고 어떤 질문을 할까?'라며 청자의 관점에서 생각해보는 것도 도움이 된다. 상대방이 어떤 질문을 던질지 미리 예상하고 준비하면 빠뜨리는 부분을 최소화하는 동시에 보고서의 완성도도 끌어올릴 수 있다.

직장인의 가장 큰 무기인 레버리지를 함께 활용하면 더 좋다. 문제의 원인을 파악하고 해결책을 도출하는 과정에서 주변에 적절한 도움을 구하고 의견과 피드백을 받는 것이다. 간혹 메시지를 다듬는 과정에서 타인에게 피드백을 받는 것에 두려움을 느끼는 사람들이 있다. 하지만 생각해보자. 사람들이 내게 던지는 질문과 아이디어는 보고서에 '그래서 어떻게?', '왜 그렇게?'를 더욱 단단히 챙길 수 있는 소중한 재료다. 때로는 타인의 날카로운 지적이 내가 놓친 것을 짚어주는 귀한 지침이 되기도 한다. 그러니 보고서의 메시지를 도출하는 단계에서 레버리지를 적극적으로 활용해보자.

보고서를 산으로 보내는 3가지 함정

지금까지 보고서에 들어갈 좋은 메시지를 뽑아내기 위한 핵심 요소 3가지를 알아보았다. 생각의 구조화, '그래서 어떻게?', '왜 그렇게?'는 우리 보고서의 논리 구조를 탄탄하게 해주는 아주 강력한 도구다. 지금부터는 이 도구들을 능숙하게 활용하는 방법을 알아보자.

가끔 우리 보고서는 필요한 것들이 잘 갖춰져 있음에도 불구하고 왠지 메시지가 산으로 가는 것 같은 느낌을 준다. 무엇을 해야 하는지, 왜 해야 하는지가 각종 데이터와 함께 잘 정리되어 있는 것처럼 보이지만, 그렇게 나온 결론에 잘 공감하기 어렵고 설득력 있게 느껴지지 않는 경우다. 왜 이런 일이 생길까? 다음의 3가지를 확인할 필요가 있다.

- 본인의 관점으로만 해석함

- 전체를 못 보고 부분에 매몰됨

- 현실과는 거리가 있음

    이 함정들만 잘 피해도 보고서에 담긴 메시지가 산으로 가는 것을 막을 수 있다. 지금부터 3가지 함정의 예시를 살펴보고, 이를 피할 수 있는 방법에 대해서 함께 알아보자.

함정 ①: 본인의 관점으로만 해석함

먼저 살펴볼 함정은 본인의 관점으로만 해석하는 경우다. 예를 들어보자. A사업은 이 회사의 신사업이다. 회사는 그동안 투자한 금액과 현재까지의 실적을 토대로 A사업을 계속할 것인지 아닌지를 결정하려고 한다. 이때 담당자가 깔끔하게 정리된 보고서를 한 부 들고와서는 이렇게 말한다.

> "최근 매출이 50%나 늘었고, 특정 충성 고객이 꾸준히 쓰고 있으니 사업을 지속해야 합니다."

언뜻 들으면 일리 있는 말이다. 보고서에 필요한 논리 구조도 제대로 갖춘 것 같다. '그래서 어떻게(A사업을 지속해야 합니다)', '왜 그렇게(최근 매출이 50%나 늘었고, 수요 고객도 있습니다)' 중 어느 하나 빠지는 것이 없다. 그렇다면 우리는 담당자의 말이 무조건 맞다고 할 수 있을까?

알고 보니 A사업의 상황은 이러했다. 수년간 전사 자금의 10% 이상을 투자했으나 A사업의 매출은 회사 전체 매출의 1%도 차지하지 못했다. 또한 해당 시장 내에서의 경쟁력이 불확실하며, 최근 매출 상승은 대형 프로모션으로 인한 일시적인 증가였다. 할인을 많이 하다 보니 실제로는 남는 것도 없이 거의 손실을 보고 있었다. 나름 단골 고객층이 있기는 하지만 수가 너무 적었고, 더 늘어나지 않은지도 오래되었다. 이런 상황에서 "A사업의 최근 성과가 좋으니 계속해서 사업을 유지해야 한다"라는 말은 과연 맞을까?

A사업 담당자의 말은 모두 사실에 기반한 것이다. 매출이 최근 성장한 것도 사실이며, 단골 고객층이 있는 것도 사실이다. 하지만 전사 관점에서 A사업은 비용은 비용대로 쓰면서, 오랜 기간 제대로 된 실적은 나지 않는 아픈 손가락과 같은 사업이다. 담당자 입장에서는 자신이 애정을 가지고 운영하는 사업을 옹호하고 싶은 마음도, 부진한 사업 실적에 대한 비판으로부터 스스로를

보호하고 싶은 마음도 있을 수 있다. 하지만 이럴 때일수록 상황을 좀 더 객관적으로 바라보아야 한다. 무리하게 A사업의 성과를 포장하기보다는 스스로 A사업에 대한 문제를 제기하고 다른 대안을 제시하는 것이 회사 입장에서 더 바람직하지 않을까? 이를테면 A사업을 정리하고 자신을 포함한 관련 리소스를 다른 핵심 사업에 투자하거나, 좀 더 가능성 있는 신사업을 시도하자고 제안할 수도 있다.

이렇듯 논리 구조가 갖춰진다고 해서 무조건 다 좋은 메시지가 되는 건 아니다. 같은 현상을 놓고 어떤 각도에서, 어떤 기준에 무게를 두고, 어떻게 해석하는지에 따라 메시지는 이토록 극과 극으로 달라질 수 있다. 논리 구조를 어떻게 구성하느냐에 따라 '나'만을 위한 메시지가 나올 수도 있고, '모두'를 위한 메시지가 나올 수도 있다.

함정 ②: 전체를 못 보고 부분에 매몰됨

메시지가 산으로 가는 이유 중 두 번째는, 전체를 보지 못하고 부분에 매몰되는 경우다. 어느 온라인 서비스의 B라는 주요 기능을 맡은 담당자는 어느 날 이상한 수치를 발견한다. B기능을 이용하는 사용자 수가 갑자기 20% 정도 하락한 것이다. 담당자는 깜짝 놀라 주변에 이 상황을 알린다.

"B기능을 이용하는 사용자 수가 20% 하락했습니다.
B기능 개선이 시급합니다."

그럴듯한 제안으로 들린다. '그래서 어떻게(B기능 개선이 시급합니다)', '왜 그렇게(B기능을 이용하는 사용자 수가 20% 하락했습니다)' 등 논리 구조도 잘 갖추어져 있다. 그렇다면 이제 우리는 B기능을 개선하는 작업만 잘 해내면 될까?

성급히 의사결정하기 전에 상황부터 살펴보자. 자세히 보니 B기능뿐만 아니라 C기능, D기능 등 서비스 주요 기능의 사용자 수가 모두 20%가량 감소한 것이 확인되었다. 최근 서비스의 전체 방문자 수가 20% 정도 하락하면서 모든 기능의 사용자 수가 일괄적으로 20%씩 빠진 것이다. 과연 이것이 B기능에 한정된 문제이며, B기능의 개선이 최우선 과제라고 생각할 수 있을까? B기능의 개선 작업을 하기 전에 왜 갑자기 서비스의 전체 방문자 수가 20% 감소했으며, 이를 회복하기 위해 어떤 일을 해야 하는지 먼저 밝혀야 할 것이다.

업무를 하다 보면 종종 이와 비슷한 상황이 발생한다. 전체를 바라보지 못하고 한두 가지의 수치만으로 상황을 판단하다가 완전히 잘못된 의사결정을 내리는 것이다. 제아무리 똑똑하고 경력이 많은 사람도 언제나 이런 함정에 빠질 수 있다. 이를 피하기 위해서는 어떤 상황을 해석할 때마다 '큰 그림을 놓치지 않았나?', '빠뜨린 것은 없는가?'라며 자신을 점검하는 태도를 갖추어야 한다.

또 이런 상황도 있다. 어떤 서비스에 대한 실적과 지표를 관리하는 마케팅 관리자 C의 사례를 살펴보자. 관리자 C는 이번 달에 갑자기 서비스 접속자 수가 저번 달과 비교해 30%나 하락한 것을 발견한다. 놀란 그는 이렇게 제안한다.

> "이번 달 접속자 수가 전달 대비 30% 하락했습니다. 마케팅비 증액이 시급합니다."

이 제안도 나름 인과관계가 있어 보인다. 마케팅비를 증액하면 접속자 수는 당연히 늘어나기 마련이다. '그래서 어떻게(마케팅비 증액이 시급합니다)', '왜 그렇게(이번 달 접속자 수가 전달 대비 30% 하락했습니다)' 등 논리 구조도 마찬가지로 잘 갖추어져 있다.

이때 수치를 조금만 더 넓은 범위에서 확인해보면 어떨까? 마케팅비 추가 지원을 확정하기에 앞서 지난 달과 이번 달, 두 달만 비교하는 대신 지난 2년 간의 트렌드를 살펴보기로 한다. 자세히 살펴보니 약간 다른 사정들이 발견된다. 이 회사의 사업은 특정 계절에 접속자 수가 오르고, 특정 계절에 접속자 수가 하락하는 일종의 계절성이 있었다. 그래서 이번 달은 계절적 요인으로 매년 전월 대비 접속자 수가 30%가량 감소하는 때였던 것이다. 전월과 비교하는 대신, 작년 동월과 비교해보니 오히려 서비스의 전체적인 성장으로 접속자 수가 20%가량 성장했다. 이 경우에 전월 대비 접속자 수가 30% 감소한 것이 과연 심각한 문제라고 할 수 있을까? 물론 매달 꾸준히 성장한다면 더할나위 없이 좋겠지만, 이처럼 계절성이 명확한 사업에서는 일시적인 사업의 등락을 좀 더 거시적인 관점에서 바라보고 평가할 필요가 있다.

어떠한 현상을 바라보고 메시지를 뽑아낼 때는 부분과 더불어 전체를, 그리고 단기 추세와 더불어 장기 추세를 반드시 함께 살펴야 한다. 부분과 단기에만 집중하면 더 중요한 것을 놓칠 수도, 왜곡된 결과로 이어질 위험도 있기 때문이다.

함정 ③: 현실과는 거리가 있음

세 번째로 살펴볼 함정은 '현실과는 거리가 있음'이다. 다양한 파트너사들과 협업하는 기업의 사례를 들어보자. 이 기업의 파트너사들은 모두 각자 자기만의 생산 공장을 운영하고 있는데, 이에 대해 전략 기획자 D는 조그만 공장들이 제각기 운영되는 바람에 규모의 경제 효과도 안 나오고, 무척 비효율적으로 운영되고 있다는 생각이 든다. 그래서 D는 큰 비용을 투입해서라도 파트너사들의 공장을 하나로 통합한 대규모 공장을 신설해야 한다는 제안을 강력하게 주장한다.

> "대규모 공장을 짓고 파트너사와의 주문을 모두 우리 공장으로 통합하면 규모의 경제로 인해 우리도, 파트너사도 큰 이득을 볼 겁니다."

흩어진 공장들을 하나로 합치는 순간 규모의 경제를 확보할 수 있고, 이를 통해 원가도 절감하고 운영 효율성도 높일 수 있을 것으로 기대하기 때문이다. 파트너사들도 일일이 공장을 운영하느라 애로사항이 무척 많은 상황인데 이러한 불편함도 해소할 수 있을 것 같다. 무척 그럴 듯한 제안이다. '그래서 어떻게(대규모 공장을 신설해야 합니다)', '왜 그렇게(규모의 경제로 서로 큰 이득을 볼 수 있습니다)'의 논리 구조도 완벽해 보인다.

그런데 이 말만 믿고 큰 돈을 투자하기에는 몇 가지 찜찜한 구석이 있어 조금만 더 살펴보기로 한다. 그리고 이 과정에서 좀 특이한 점을 몇 가지 발견하게 된다. 파트너사 공장들의 생산 공정을 확인해보니 자동화가 불가능한 곳이었다. 생산 물량에 그대로 비례해서 필요 인력이 증가하는 구조였고, 물량을 어느 한 공장으로 통합한다고 해서 기계화 등을 통해 인당 효율성을 높일 수 없다는 사실을 발견하게 된다.

또한 파트너사마다 제품이 제각기 다른 것도 문제였다. 공정상 서로 유사한 부분이 있어야 하나로 합쳤을 때 시너지가 날 텐데, 제품도 다르고 공정도 다르다 보니 하나로 합친다고 해서 더 빠르고 효율적으로 만들 수 있는 구조가 아니었다.

그 와중에 각 파트너사가 운영 중인 공장의 문을 닫고 통합 공장으로 물량을 이전하는 데 드는 비용이 무척 크다는 점도 장애물로 작용했다. 공장 부지, 설비 확보에 이미 투자금은 잔뜩 들어갔고 공장 운영을 위한 직원도 많이 뽑았는데 그 공장을 갑자기 문을 닫게 하는 것은 현실적으로 무척 어려웠다.

규모의 경제를 통해 효율성을 개선하고 이익률을 높이는 기법은 경영학 교과서에서 쉽게 찾아볼 수 있는 주요한 전략 중 하나이다. 하지만 현실은 교과서보다 좀 더 복잡하다. 때로는 교과서에 나온 이론과 완전히 상반되는 경우도 많다. 어떠한 책이나 이론을 접하더라도 그것을 너무 맹신하고 모든 상황에 적용할 수 있을 것이라는 생각은 항상 조심해야 한다. 현실에 대한 이해 없이 이론과 기법에 치중하는 순간, 우리의 메시지는 겉으로는 무척 그 럴듯해 보이지만 실제로는 완전히 산으로 가는 메시지가 되어버 린다.

특정 프레임워크를 활용하는 경우도 마찬가지다. 경영학이 발 전하고 컨설팅 산업이 성장하면서 무척 다양한 프레임워크가 세 상에 소개되었다. 많은 사람이 한 번은 들어봤을 'SWOT' 분석부 터 '○○모델', '○○매트릭스', '○○플라이휠' 등 엄청나게 많은 프레임워크가 경영학 서적과 교과서, 블로그를 도배했다. 하지만 현실에 대한 정확한 이해가 없는 프레임워크 활용은 심한 경우 안 쓰느니만 못한 결과를 낳을 수도 있다.

우리가 알고 있는 상당수의 프레임워크는 경영 컨설팅 회사들 에서 만들어낸 경우가 많다. 그러나 수많은 프레임워크를 만들어 낸 경영 컨설턴트들조차도 실제 본인들이 일할 때 한두 개의 프 레임워크만으로 프로젝트에 접근하는 경우는 거의 없다. 산업마 다, 회사마다 직면한 문제와 상황이 모두 천차만별이기 때문에 하나의 프레임워크를 모든 프로젝트에 다 적용한다는 것은 상식 적으로 불가능하다. 이미 누군가가 만들어둔 기존 프레임워크를 쓰기보다는, 각자의 프로젝트 상황에 맞춰서 적절한 논리 구조와 프레임을 새로 만들어내는 것이 더 적합하다.

이렇게 매 상황마다 적절한 프레임이 다를 수 있기 때문에 얼마나 많은 프레임워크를 알고 있는지, 특정 프레임워크를 얼마나 깊이 이해하고 있는지는 사실 크게 중요하지 않다. 오히려 어떤 상황에 맞는 적절한 구조화를 스스로 만들어낼 수 있는 능력이 더 중요하다. 그것은 눈에 보이는 형식적인 프레임을 넘어, 반드시 실제 업무와 성과에 유의미한 결과를 미칠 수 있는 메시지의 형태로 전달되어야 한다.

여기까지 논리 구조를 다 갖추고도 메시지가 산으로 가게 되는 3가지 대표 유형에 대해 알아보았다. '본인의 관점으로만 해석함', '전체를 못 보고 부분에 매몰됨', '현실과는 거리가 있음'이라는 3가지 함정을 반대로 하면 각각 '자기 객관화', '종합적 사고 능력', '현실 감각'이 된다.

- **자기 객관화**: 주어진 현상을 내게 맞춰 주관적으로 해석하기보다는, 전사 관점에서 객관적으로 더 나은 아이디어 제안
- **종합적 사고 능력**: 지엽적이고 단기적인 것에 매몰되기보다는, 전체적이고 장기적인 관점에서 보다 합리적인 결과 도출
- **현실 감각**: 겉으로 보이는 포장 또는 이론을 넘어, 본질에 집중하고 실제 현실적으로 의미 있는 메시지 전달

앞서 살펴본 생각의 구조화, '그래서 어떻게', '왜 그렇게'로 대변되는 논리적 사고력에 더해 자기 객관화, 종합적 사고 능력, 현실 감각까지 갖추면 좋은 메시지를 뽑아내기 위한 준비는 다 마친 것이다. 보고서 달인이 되는 법, 좋은 메시지를 뽑는 법까지 배웠으니 이제 우리는 이 내용을 문서로 잘 포장한 뒤, 잘 전달하기만 하면 된다. 이제 마지막 과제를 해결하러 가보자.

CHAPTER 3

2배 빨리 완성하는
보고서 작성 스킬

보고서, 내용만큼이나 포장하는 것도 중요하다

핵심 자료 조사·분석도 마쳤고, 전달하고 싶은 메시지도 정리됐다면 이 단계에서 보고서가 갑자기 실패하기는 쉽지 않다. 앞서 말했듯 보고서는 결국 메시지가 가장 중요하기 때문이다. 다시 한번 망하는 보고서의 이유를 살펴보자.

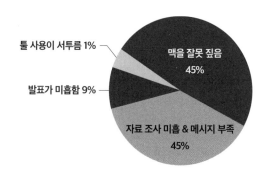

보고서를 시각적으로 잘 정리하면 같은 내용이라도 더 설득력 있고, 더 매력적으로 느껴질 수 있다. 같은 음식이라도 플레이팅을 어떻게 하고 사진을 어떻게 찍는지에 따라 군침 도는 음식도, 입맛 떨어지는 음식도 될 수 있다. 우리 보고서도 이를 어떻게 잘 포장하는지에 따라 소박한 자취생 밥상에서 모두가 인정하는 미슐랭 3스타 음식으로 변할 수 있는 것이다.

보고서는 메시지가 가장 중요하지만 경우에 따라 눈에 보이는 형식, 디자인이 무척 중요한 상황도 있다. 예를 들어 광고 회사처럼 감성적인 부분이 중요한 산업이라면 시각적으로 뛰어난 문서를 만들어내는 것이 아주 중요하다. 경영 컨설팅 회사에서는 엄청나게 멋지고 화려한 디자인까지는 필요 없지만, 전문적이고 지적인 느낌이 잘 전달되는 기본적인 PPT 가이드라인이 정해져 있다.

똑같은 메시지를 전달하더라도 어떤 시각적 결과물을 전달하는지에 따라서 사람들의 반응과 보고 결과가 크게 달라지곤 한다. 동일한 내용이라도 말로만 설명하는 것보다는, 차트나 표를 함께 제시하면 설득력이 높아지는 효과가 있다. 보고서 내용에 담긴 수치나 데이터도 중요하지만, 그저 잘 정리된 차트나 표가 전달하는 시각적인 느낌만으로도 사람들에게 한층 더 신뢰를 주기 때문이다.

전체 매출은 목표에 맞춰서 성장하고 있으나,
C제품 매출만 역성장하고 있음

A제품 매출은 기존 채널·고객 기반으로 지속 성장 중이며,
B제품은 면세점 입점 후 급성장

C제품은 시장 트렌드 변화로 수요가 감소하는 문제

VS.

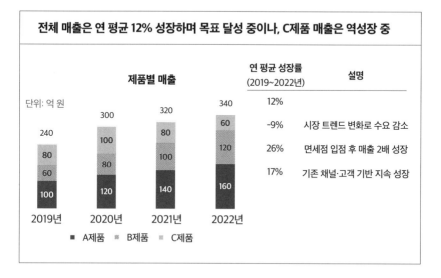

보고서를 쓸 때는 맥락 파악과 제대로 된 알맹이 전달이 가장 중요하지만, 포장을 잘하는 능력도 갖추어야 한다. 특히 전략, 사업, 기획 등 보고서를 자주 써야 하는 직군에 종사하는 사람이라면 더욱 그렇다.

마치 요리사가 칼은 기본으로 잘 쓸 줄 아는 것처럼, 축구 선수가 일정 수준 이상은 공을 찰 수 있는 것처럼, 보고서를 만드는 손재주나 기술도 기본 중의 기본이다. 보고서를 만드는 사람이라면 워드든, PPT든 어떤 형식의 보고서도 일정 수준 이상의 완성도로 만들어낼 수 있어야만 한다.

직장인의 하드 스킬

보고서 작성 능력은 취업이나 이직에 영향을 미치고, 직장에서의 업무력과도 직결된다. 특히 전략, 기획 같이 보고서 작업이 많은 분야에 지원하는 사회초년생이라면 정말 워드, PPT만 잘 다루어도 팀에서 능력을 인정받을 수 있다. 물론 경력이 쌓이면 직장인에게 필요한 다른 많은 스킬을 채워야겠지만 이제 막 경력을 시작한 인턴이나 신입 사원이라면 보고서 작성 스킬을 갖춘 것만으로도 남들보다 앞서나갈 수 있다.

이는 비단 사회초년생에게만 해당하는 이야기가 아니다. 회사를 다니다 보면 보고서 작성과 거리가 먼 생활을 하다가도 부서가 바뀌거나, 역할이 변경되면서 갑자기 이런저런 보고서 작업을 해야 하는 경우가 종종 생긴다. 혹은 현장 중심의 업무를 하다가 본인의 커리어 발전을 위해 의도적으로 전략, 기획과 같은 분야로 전직을 하기도 한다. 기존에 보고서 작업을 주로 하지 않았다면 워드, PPT 사용에 서툴기 마련이다. 대신 다른 업무를 하면서 쌓아온 현장 지식이나 경험, 인사이트 같은 것들이 이들의 주 무기가 된다. 그런데 만약 현장 지식과 경험이 풍부한 사람이 심지어 보고서도 잘 쓴다면? 엄청난 플러스 효과를 가져올 것이다.

1장과 2장에서 살펴본 맥락 파악, 알맹이 정리와 같은 무형의 작업을 '소프트 스킬'이라고 부른다. 반대로 워드나 PPT로 보고서를 만드는 것과 같이 실체가 있는 것을 만들어내는 유형의 작업은 '하드 스킬'이라고 부른다. 직장인이라면 궁극적으로 소프트 스킬과 하드 스킬을 고루 갖춘 인재가 되는 것을 목표로 하는 것이 이상적이다.

작업 배경도 이해했고, 필요한 핵심 정보나 메시지도 잘 준비해 두었는데 이를 보고서로 실체화하는 과정, 즉 포장을 제대로 하지 못하면 어떤 문제가 발생할까? 한 주 내내 밤 늦게까지 야근하며 보고서를 작성한 A사원의 이야기를 살펴보자.

보고서를 받아본 팀장님은 크게 당황했다. A사원이 만든 보고서에는 온갖 내용이 다 들어 있어서 도대체 핵심 내용이 뭔지 전혀 눈에 들어오지 않았기 때문이다. 목차라도 먼저 확인하면 좀 나으려나 싶어 목차를 살펴보니 무려 30개가 넘는 소목차가 적혀 있었다. 어떤 맥락과 순서로 정리되었는지도 알기 어려웠다. 중간중간 각종 이미지, 차트, 표도 많이 들어가 있는데 필요하지 않은 것들도 많았다. 현상에 대한 분석과 의견, 아이디어도 분명 포함되어 있지만 그것이 매끄럽게 한눈에 들어온다는 느낌이 전혀 들지 않았다.

잘된 보고서 vs. 잘못된 보고서

아래 2개의 보고서를 살펴보자. 두 보고서는 서로 같은 내용을 담고 있다. 둘 중 어떤 보고서가 좀 더 이상적인 형태처럼 보이는가?

A 업체의 경우 200개 이상의 화장품 브랜드를 100개 이상의 국가에 도·소매로 판매하는 해외 역직구 이커머스 플랫폼 사업자입니다.

국가별 매출: 미국 23.8%, 한국 8.6%, 일본 8.5%, 인도네시아 7.7%, 말레이시아 5.5%, 호주 3.7%, 러시아연방 3.6%, 우크라이나 3.0%, 러시아 2.0%, 캐나다 2.7%, 기타 30.0%

2021년 매출은 994억 원, 영업이익은 81억 원이고 2020년 매출은 645억 원, 영업이익은 48억 원 2019년의 경우에는 매출 517억 원, 영업이익 50억 원을 기록했습니다.

해외 글로벌 시장에서 K-뷰티의 마케팅부터 현지화까지 모든 솔루션을 가지고 있는 것이 장점. 100여 개국에 다년간 판매했던 경험을 바탕으로 현지 통관, 인허가, 유통, 판매 규정 등 지역별 전문화된 노하우를 보유하고 있습니다. 화장품을 생산하는 중소업체들도 온라인 쇼핑몰이나 해외 지사를 설립하지 않고 월마트, 아이허브, 코스트코 등 전세계 2000~3000개 바이어에게 제품을 유통할 수 있습니다.

B 업체는 민감성 피부 케어를 위한 스킨케어 브랜드, 고기능성 스킨케어, 최근에 출시한 스킨케어 브랜드 등을 보유하고 있습니다.

2021년 8기 매출은 61,569,863,494원, 영업이익은 14,027,940,992원입니다. 2020년 7기 매출은 51,379,241,542원, 영업이익은 15,404,070,917원입니다.

B 업체는…

vs.

주요 업체별 분석

A업체
- 사업 모델: 유통사(미국 22%, 한국 9%, 일본 9%, 인도 8%, 기타 52%)
- 재무 성과: 매출 994억 원(2년 간 1.9배 성장), 영업이익 81억 원

(기준: 억 원) ■ 매출 ▨ 영업이익

	2019	2020	2021
매출	517	649	994
영업이익	50	48	81

- 주요 역량: 100개 국가 진출, 200개 브랜드 유통, 바이어 2~3천 개, All-in-One 강조(현지화 마케팅, 통관 등)

B업체
- 사업 모델: 브랜드사(해외 매출 > 90%)
- 재무 성과: 매출 616억 원(2년 간 2.1배 성장), 영업이익 140억 원
- 주요 역량: 콘텐츠 마케팅(SNS 구독자 > 100만 명)

C업체
- 사업 모델: 브랜드사(일본 진출 중. 성과 비공개)
- 재무 성과: 매출 272억(2년 간 14배 성장), 영업이익 15억 원
- 주요 역량: 제품 기획·마케팅, 일본 내 점포 1,500개 입점(파트너사 활용 추정. 기타 일본 내 주요 활동 추가 확인 필요)

아마도 대부분의 사람들이 오른쪽 보고서를 선택할 것이다. 전체적인 구조와 흐름은 자연스럽게 유지되면서도, 핵심 메시지와 데이터는 명확하게 강조되었기 때문이다. 그렇다면 왼쪽 같은 보고서를 피하고, 오른쪽 같은 보고서를 쓰기 위해 어떻게 해야 할까?

이를 위해서는 핵심 정보는 효율적으로 압축해서 요약하고, 불필요한 문구는 최대한 배제해야 한다. 전체 맥락에 크게 영향을 주지 않고, 꼭 필요하지 않은 자잘한 정보는 과감하게 제거할 수 있는 용기도 있어야 한다. 다양한 숫자들 사이에서 강조하고 싶은 수치를 메시지와 잘 엮어서 시각화하는 방법도 알아야 한다. 전체적인 스토리라인에 맞춰 적절히 문단을 구성하고 이를 잘 구조화해서 보여주는 것도 중요하다.

이제, 텍스트로만 구성된 워드형 보고서, PPT로 만들어진 슬라이드형 보고서를 보다 효율적이고 효과적으로 만들어주는 노하우를 살펴보자.

워드형 보고서

먼저, 우리에게 아주 익숙한 워드형 보고서를 보자. 분량이 많고 중요한 보고서일수록 PPT로 만드는 경향이 있지만, 업무에서 가장 자주 활용되는 보고서는 워드형이다. 워드형 보고서를 잘 쓸 줄 알면 PPT 보고서를 쓸 때도 유리하고, 이메일 커뮤니케이션 등 줄글로 이루어지는 각종 서면 커뮤니케이션에서도 도움을 얻을 수 있다.

워드형 보고서를 쓸 때는 피해야 하는 가장 큰 실수가 있다. 바로 생각이 정리되지 않은 채로 줄글을 마구 써내려가는 것이다. 우리가 요리를 하기 전에 레시피를 보고 미리 대략적인 순서를 머릿속으로 잡는 것처럼, 워드형 보고서를 작성할 때는 전체 구조를 미리 정리한 다음 점차 상세한 내용을 채우는 것이 유리하다. 일반적으로 워드형 보고서 작업을 할 때 권장되는 작업 순서는 아래와 같다.

① **문서 구조 설계**: 대주제, 소주제 우선 배치
② **핵심 키워드·데이터 배치**: 중요한 메시지 키워드 입력, 핵심 데이터 위치 잡기
③ **문장·수치 전환**: 구체적인 내용, 세부 수치 기입
④ **시각화**: 정말 중요하고 강조해야 하는 데이터를 중심으로 시각적 강조, 차트 구성

워드형 보고서 쓰기 4단계

① 문서 구조 설계

가장 먼저 문서의 구조를 잡아야 한다. 구조화는 리서치, 메시지 도출 단계에서도 중요하지만 보고서 작성 단계에서도 정말 중요하다. 구조화가 잘된 문서는 누구나 한눈에 이해하기 쉽고, 잘 정리된 인상을 준다.

이를 위해서는 우선 구체적인 내용을 줄줄이 적기 전에 문서의 가장 큰 목차부터 작은 목차까지 탑다운(top-down)으로 정리

○○ 시장 동향
주요 업체별 분석

→

○○ 시장 동향
A국가
시장 규모·성장률
A국가 시장 특성
B국가
시장 규모·성장률
B국가 시장 특성

주요 업체별 분석
A업체
사업 모델
재무 성과
주요 역량
B업체
사업 모델
재무 성과
주요 역량

큰 목차에서 작은 목차로 구조 잡기

하는 과정이 필요하다. 이후에 중간중간 왔다갔다 하면서 수정을 하더라도, 큰 목차부터 작은 목차 순으로 적어 내려가는 것이 전체적인 구조를 한눈에 보면서 효율적인 문서의 구성을 잡는 데 유리하다.

② 핵심 키워드·데이터 배치

문서의 구조를 어느 정도 잡았다면 핵심 키워드·데이터를 배치한다. 우리가 미리 잡아둔 대주제, 소주제별로 각 구간에 어떤 내용이 들어가면 좋을지 키워드 중심으로 대략 입력해보는 것이다. 구체적인 내용을 줄글로 적을 필요는 없으며 중요하지 않은 내용은 과감하게 제외해도 좋다. 이 단계에서 중요한 것은 전체적인 구조에 맞게 내가 전달하고자 하는 핵심 정보와 메시지가 적절한 위치에 빠짐없이 들어갔는지 확인하는 것이다. 전체적인 스토리라인을 재차 점검해봐도 좋다. 이렇게 큰 구조와 핵심 키워드 순으로 작업하면, 돌이킬 수 없는 상태가 되기 전에 전체 구조와 스토리라인을 여러 번 점검하고 수정하기에 용이하다.

핵심 키워드와 데이터 배치하기

최종 보고가 아닌 중간 보고의 경우 모든 리서치나 분석이 완벽하게 준비되지 않을 수도 있다. 이럴 때는 해당 항목을 감추기보다는, 위치를 잡아둔 다음 '추가 확인 필요'라고 써두는 것이 좋다. 보고를 받는 사람이 '다음 보고까지는 준비가 되겠구나'라고 안심할 수 있기 때문이다.

③ 문장·수치 전환

핵심 키워드·데이터 배치까지 다 끝냈다면 이제는 세부 내용을

<table>
<tr><td>

○○ 시장 동향

A국가
- 시장 규모·성장률: X조 원(CAGR X%)
- A국가 시장 특성: 추가 확인 필요

B국가
- 시장 규모·성장률: X조 원(CAGR X%)
- B 국가 시장 특성: 추가 확인 필요

주요 업체별 분석

A업체
- 사업 모델: 유통사(국가별 Breakdown)
- 재무 성과: 매출 X억 원(2년 간 X배 성장), 영업이익 X억 원
- 주요 역량: 진출 국가 X개, 유통 브랜드 X개, 바이어 X개, All-in-One, 현지화

B업체
- 사업 모델: 브랜드사(해외 매출 비중)
- 재무 성과: 매출 X억 원(2년 간 X배 성장), 영업이익 X억 원
- 주요 역량: 콘텐츠 마케팅

</td><td>→</td><td>

○○ 시장 동향

A국가
- 시장 규모·성장률: 1조 원(2018~2021년 CAGR 16%)
- A국가 시장 특성: 추가 확인 필요

B국가
- 시장 규모·성장률: 1조 원(2018~2021년 CAGR 37%)
- B국가 시장 특성: 추가 확인 필요

주요 업체별 분석

A업체
- 사업 모델: 유통사(미국 22%, 한국 9%, 일본 9%, 인도 8%, 기타 52%)
- 재무 성과: 매출 994억 원(2년 간 1.9배 성장), 영업이익 81억 원
- 주요 역량: 100개국 진출, 200개 브랜드 유통, 바이어 2000~3000개, All-in-One 강조(현지화 마케팅, 통관 등)

B업체
- 사업 모델: 브랜드사(해외 매출 > 90%)
- 재무 성과: 매출 616억 원(2년 간 2.1배 성장), 영업이익 140억 원
- 주요 역량: 콘텐츠 마케팅(SNS 구독자 > 100만 명)

</td></tr>
</table>

세부 내용과 수치 넣기

하나씩 채울 시간이다. 지금부터는 구체적인 내용과 세부 수치를 넣는다. 큰 얼개와 구조를 미리 잡아놨기 때문에 말 그대로 내용을 입력하기만 하면 된다.

④ 시각화

이제 어느 정도 보고서처럼 보인다. 앞으로 남은 단계는 오직 하나, 시각화다. 워드형 보고서는 기본적으로 텍스트 중심으로 이루어져 있지만, 그렇다고 해서 시각적으로 신경 써야 하는 요소가 하나도 없는 것은 아니다. 아래 몇 가지 요령만 잘 활용해도 핵심 메시지만 효율적으로 전달하는 깔끔한 보고서를 성공적으로 완성할 수 있다.

- **차트**: 핵심 데이터는 차트와 도식 활용
- **강조**: 중요한 메시지는 강렬한 색상과 굵은 글씨 활용
- **요약**: 텍스트는 가급적 한 줄로! 길어도 두 줄까지만
- **길이**: 문서 길이 최소화

먼저, 차트를 적재적소에 잘 쓰면 통계 수치나 트렌드를 표현하기에 용이하다. 다만 차트가 많다고 무조건 좋은 것은 아니다. 덜 중요한 정보까지 차트로 만들어버리면 시선이 분산되고 핵심

데이터가 충분히 강조되지 않는다.

글자의 색상이나 굵기, 밑줄 등을 활용해서 특정 내용을 강조하는 것도 좋은 방법이다. 차트와 동일하게 너무 많은 글자에 시각적 효과를 넣지 않도록 조심해야 한다. 시각화는 꼭 필요한 곳에 최소한으로 활용하는 것이 효과적이다.

지나치게 긴 문장보다는 적당히 간추린 짧은 문장이 좋다. 글이 너무 길면 읽다가 지치게 되고, 아예 읽고 싶은 마음이 들지 않을 수도 있다. 보고서에 들어가는 문장은 가급적 한 줄로, 또는 길어도 두 줄 정도로 조절하는 것을 권장한다. 문장을 줄이는 것이 힘들면 끊어서 쓰거나 +, →, ↑, 〉 등의 기호를 활용하는 것도 좋은 방법이다.

마지막으로, 문서 길이가 너무 길어지지 않게 잘 조절해야 한다. 워드형 보고서의 경우 특히나 텍스트 중심으로 빽빽하게 구성되기 쉽다. 1~2장 이내로 요약·정리되지 않으면 끝까지 읽기 힘들 것이다. 적고 싶은 내용이 많아도 참아야 한다. 반드시 포함해야 하는 보조 자료나 백업 데이터가 있다면 맨 뒤에 부록으로 첨부하면 된다.

워드형 보고서는 슬라이드형 보고서보다 기술적인 난도는 낮을 수 있지만, 실제 업무에서의 활용 빈도는 더 높기 때문에 그 중요성을 간과해서는 안 된다. 앞서 설명한 작업 순서와, 구조화, 시각화 등의 요령을 잘 이해하고 습득해서 나의 인사이트와 메시지를 더욱 빛나게 포장하는 데 잘 활용해보자.

보고서 작성 실전 2

슬라이드형 보고서

이번에는 PPT와 같은 슬라이드형 보고서 쓰는 법을 알아보자. 슬라이드형 보고서는 워드형 보고서에 비하면 시각화 요소가 많이 들어가기 때문에 기술적인 난도가 좀 더 높다. PPT 프로그램을 처음 접하는 사람이라면 익숙해지는 데 시간이 걸린다. 하지만 너무 걱정할 필요는 없다. 몇 가지 요령만 잘 이해하면 슬라이드형 보고서 역시 누구나 일정 수준 이상으로 만들어낼 수 있다.

효율적이고 효과적인 슬라이드형 보고서 작업을 위한 핵심 요소로 '작업 순서', '메시지', '가독성·시각화', '레이아웃'을 차례로 살펴보자.

슬라이드 보고서 작업 순서

앞서 소개한 워드형 보고서와 마찬가지로, 슬라이드형 보고서도 작업 순서가 무척 중요하다. 아니, 슬라이드형의 경우 훨씬 더 중요하다. 많은 사람이 슬라이드형 보고서를 만든다고 하면 즉시 노트북 앞에 앉아 PPT부터 켜고 백지에 그려나가기 시작한다. 바로 이 작업 방식이 비효율과 야근의 시작이다.

슬라이드형 보고서는 한 장 한 장 그리는 데 필요한 시간이 최소 15분부터 길면 1시간까지로 긴 편이며, 한번 그리고 나면 수정하기도 어렵다. 따라서 슬라이드형 보고서를 쓸 때는 처음부터 계획을 잘 잡고 작업에 들어가야 한다. 효율적인 슬라이드형 보고서 작업을 위해 정석처럼 권장되는 작업 순서가 있다.

- **1단계**: 스토리라인 정리(PPT에 들어갈 내용을 텍스트로 정리)
- **2단계**: 블랭크 그리기(손으로 대강 그린 PPT)
- **3단계**: PPT 그리기(실제 슬라이드에 구현하는 작업)

'스토리라인'이란 PPT에 들어갈 내용을 텍스트로 미리 정리하는 것을 의미한다. 앞서 살펴본 워드형 보고서처럼 핵심 정보와 메시지를 구조에 맞춰 정리해두면, 내가 지금 PPT를 그릴 수 있을 정도로 충분한 정보와 메시지를 확보했는지, 부족한 점은 없는지 미리 확인할 수 있다. 또한 전체적인 이야기의 흐름을 점검하면서 어떤 순서로 스토리를 구성하는 것이 효과적인지 고민해볼 수도 있다. 스토리라인 없이 PPT부터 그리기 시작하면 도중에 스토리를 바꾸거나 내용의 순서를 바꾸기가 무척 어렵다. 하지만 스토리라인 상태에서는 텍스트로만 구성되어 있기 때문에 상대적으로 사전 점검과 수정이 자유롭다.

언뜻 불필요한 단계라고 여길 수 있지만, 스토리라인 단계에서

---

(1) 인트로

· **차별적 IT 역량 + 자체 마케팅 자산 기반 새로운 성장 공식을 쓰는 '차세대 ○○ 비즈니스'**
  - 구조적 우위 + 글로벌 진출 + 신사업 확대 → 매출 1조 기업 목표

· **총 경력 30년 이상의 마케팅, 물류, IT 전문가로 구성**
  - ○○(기획·마케팅): A사 온라인 마케팅 담당, 사업팀장(총 경력 12년)
  - ○○(운영·물류): B사 SCM 팀장(총 경력 8년)
  - ○○(IT 시스템): C사 개발팀장(총 경력 10년)

(2) 시장 규모와 성장성

· **국내 ○○ 시장 규모 32조 원 육박, 매년 5% 내외 견조한 성장 예상**
  - 통계청 2019~2023년 ○○ 소매 판매액 규모, 성장률 첨부(Bar Chart)

· **차별적 경쟁력 확보 시 신규 업체도 빠른 안착·성장 가능하며 성장 Upside가 높은 시장**
  - 선도 업체, 주요 신생 업체 매출, 영업이익, 설립연도, 기업가치 첨부(2-Axis Chart)

스토리라인 정리

얼마나 잘 정리했는지가 슬라이드 보고서 작업의 성패를 90% 이상 좌우할 정도로 가장 핵심이 된다. 스토리라인 작업 여부에 따라 소요 시간이 짧으면 2배에서 길면 5배 이상 차이가 날 수 있다.

스토리라인이 정리되었다면 이번에는 블랭크를 그릴 차례다. '블랭크'란 본격적으로 PPT를 그리기 전에 손으로 대충 그려보는, 일종의 슬라이드 스케치를 의미한다. 붓을 들고 그림을 그리기 전 연필로 먼저 스케치를 하듯, PPT를 그릴 때도 종이에 손으로 대략적인 모습을 그려보면 좋다. 블랭크는 어디까지나 스케치이기 때문에 PPT에 담길 모든 내용을 세세하게 그릴 필요는 없다. 해당 슬라이드에 들어갈 핵심 메시지를 정의하고, 그에 맞게 전체적인 레이아웃을 잡은 뒤 주요 요소를 적당히 배치하기만 해도 충분하다. 차트가 들어가야 하는 슬라이드라면 어떤 유형의

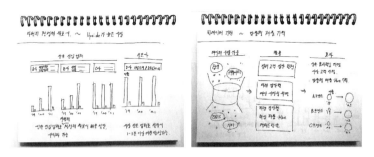

블랭크 그리기

차트가 대략 어떤 모습으로 들어갈지만 그려두고, 실제 데이터는 다 적지 않아도 된다.

블랭크를 통해 슬라이드의 모습을 미리 예상하면 PPT를 훨씬 빠르게 그릴 수 있다. 또한 핵심 메시지를 잘 전달하기 위한 최적의 슬라이드 구성도 충분히 고민할 수 있다. 블랭크 없이 PPT를 그리기 시작하면 '이게 아닌데' 하면서 지우고 다시 그리고, 지우고 다시 그리는 일이 수차례 반복되곤 한다. PPT는 내용을 일부만 바꾸어도 색깔, 너비, 크기, 줄 맞춤 등 수정할 것이 무척 많아지는데, 블랭크를 활용하면 이러한 비효율을 최소화할 수 있다. 특히 PPT 작업이 익숙하지 않은 사람이라면 반드시 블랭크 작업을 선행해야 한다.

블랭크까지 다 준비가 되었다면 비로소 본격적으로 PPT 슬라이드를 그릴 준비가 되었다고 할 수 있다. 이제 다음 단계로 넘어가보자.

슬라이드 하나에 메시지 하나

슬라이드형 보고서를 만들 때는 작업 순서 외에도 꼭 지켜야 하는 원칙이 하나 더 있다. 바로 하나의 슬라이드에는 하나의 메시지가(One Slide One Message) 들어가야 한다는 점이다. 핵심 메시지 없이 단순 사실만 나열되어 있어도 안 되고, 한 슬라이드에 핵심 메시지가 너무 많이 들어 있어도 안 된다. 다음 예시를 함께 살펴보자.

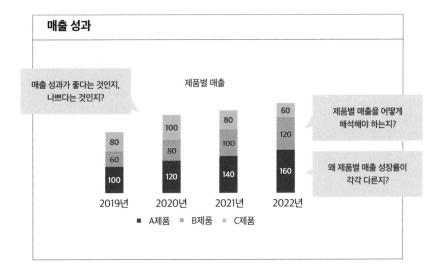

이 슬라이드에는 데이터는 있는데 메시지가 없다. 매출 성과와 관련된 수치가 차트로 잘 정리되어 있지만, 차트만 달랑 있으니 무슨 말을 하고 싶은지를 알 수 없다. 매출 성과가 좋다는 것인지 나쁘다는 것인지, 제품별 매출은 어떻게 해석하면 되는지 등에 대한 설명이 없기 때문이다.

이 슬라이드에 메시지를 담는다면 다음과 같은 결과가 나올 것이다.

매출 성과가 목표 대비
어떤 상태인지 설명

전체 매출은 연 평균 12% 성장하며 목표 달성 중이나, C제품 매출은 역성장 중

제품별 매출	연 평균 성장률 (2019~2022년)	설명
단위: 억 원	12%	
	-9%	시장 트렌드 변화로 수요 감소
	26%	면세점 입점 후 매출 2배 성장
	17%	기존 채널·고객 기반 지속 성장

2019년: 240 (80 / 60 / 100)
2020년: 300 (100 / 80 / 120)
2021년: 320 (80 / 100 / 140)
2022년: 340 (60 / 120 / 160)

■ A제품 ■ B제품 ■ C제품

제품별 매출에 대한 해석과
원인에 대해 설명

수정된 슬라이드에는 핵심 메시지와 함께 이를 뒷받침하는 주요 논거들이 추가되었다. 맨 위에 적힌 핵심 메시지를 통해 이 슬라이드를 처음 보는 사람도 이 차트가 어떤 의미를 담고 있는지를 파악할 수 있으며, 왜 그렇게 생각하는지를 쉽게 이해할 수 있다. 매출 성과가 목표 대비 어떠한 수준인지, 성장 속도는 어느 정도인지, 제품별로는 어떤 차이가 있는지 등을 한눈에 파악할 수 있다.

이번에는 둘 이상의 메시지가 들어간 경우를 살펴보자.

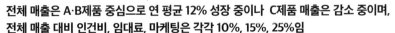

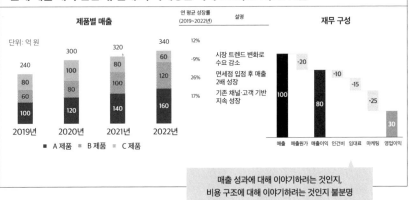

이 슬라이드에는 매출과 비용에 대한 내용이 함께 들어 있다. 그런데 매출 측면에서 전달하고자 하는 메시지와, 비용 측면에서 전달하고자 하는 메시지가 다르다 보니 이 슬라이드가 정확히 무엇에 대해 이야기하고 싶은지를 파악하기 힘들다. 이처럼 한 장의 슬라이드에 너무 많은 메시지가 들어가면 초점이 흐려지고, 전달력도 떨어진다. 모든 것은 과유불급이다. 이것저것 채워넣으면 풍성해 보일 것 같지만, 메시지 전달의 관점에서는 오히려 역효과만 난다는 점을 꼭 기억해두자.

차트를 사용한 시각화와 레이아웃 팁

이제 본격적으로 각 슬라이드에 콘텐츠를 채울 시간이다. PPT 작성이나 시각화 작업이 익숙치 않은 사람들은 특히 이 단계에서 많은 어려움을 호소한다. 차트, 색상, 텍스트 사용법 등 가독성과 시각화에서 핵심적인 스킬을 알아보자.

차트, 색상, 텍스트 제대로 쓰는 법

가장 먼저 살펴볼 요소는 차트다. 차트에 워낙 다양한 종류가 있다 보니 어떤 차트를 써야 적절한지 몰라서 헤매는 경우도 많지만 너무 걱정할 필요는 없다. 보고서 작업을 할 때 주로 사용하는 차트는 몇 가지로 정해져 있다. 보고서를 작성하기 위해 꼭 알아야 하는 5가지 PPT 차트는 다음과 같다.

- **막대형**: 묶은 막대형(항목별 트렌드 확인이 필요한 경우), 누적 막대형(전체 합계 트렌드 확인이 필요한 경우)
- **꺾은선형**: 개별 항목별 상호 비교가 중요한 경우
- **콤보**: 축이 다른 2개 수치를 한 번에 표현 가능
- **폭포**: 계산 과정을 단계별로 나눠서 표현
- **분산형**: 상관관계 분석 시 특히 용이

막대형 차트

5가지 차트 중 가장 먼저 소개할 것은 막대형(Bar) 차트다. 말 그대로 수치를 막대기 모양으로 그려주는 차트를 말한다. 막대기를 그리는 방식에 따라 묶은 막대형(Cluster), 누적 막대형(Stack), 100% 누적 막대형(100% Stack)의 3가지 유형으로 구분된다.

묶은 막대형 유형은 막대기들을 옆으로 펼쳐서 보여주는 차트이다. 묶은 막대형 차트는 각 항목별 수치와 트렌드를 서로 비교하기는 좋지만, 전체 합계를 알기는 어렵다는 특징이 있다. 아래 왼쪽 차트처럼 A제품, B제품, C제품 각각의 매출 트렌드는 볼 수 있으나 3개 제품의 매출을 모두 합한 전체 매출 트렌드는 한눈에

보이지가 않는다. 그래서 묶은 막대형 차트는 시점별 비교가 필요하지만, 전체 합계는 그리 중요하지 않은 데이터를 표시할 때 유용하다. 예를 들어 아래 오른쪽 차트처럼 A, B, C 각 학생의 학기별 성적을 표시하는 경우에는 묶은 막대형 차트가 가장 적합하다.

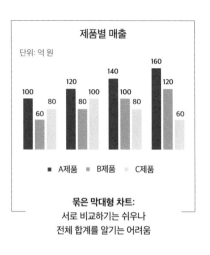

묶은 막대형 차트:
서로 비교하기는 쉬우나
전체 합계를 알기는 어려움

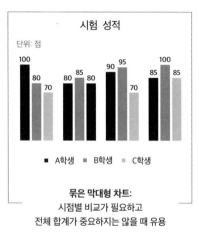

묶은 막대형 차트:
시점별 비교가 필요하고
전체 합계가 중요하지는 않을 때 유용

각 항목별 막대기를 옆으로 펼쳐서 보여주는 대신, 위로 쌓아서 보여주는 방식의 차트를 누적 막대형 차트라고 부른다. 누적 막대형 차트는 묶은 막대형 차트와는 반대로 각 항목별 트렌드를 보기는 더 불편하지만, 전체 합계 트렌드를 보기는 훨씬 수월하다는 장점이 있다.

아래 왼쪽 차트를 보면 묶은 막대형 차트와는 다르게 전체 매출의 트렌드가 훨씬 눈에 띄게 잘 보이는 것을 확인할 수 있다. 하지만 이러한 특성 때문에 누적 막대형 차트는 합계가 큰 의미가 없는 경우에 사용하면 다소 어색하게 느껴질 수도 있다. 아래 오른쪽 차트는 A, B, C 각 학생의 학기별 성적을 누적 막대형 차트로 표현한 것이다. 그런데 썩 잘 어울리는 차트가 아니라는 점을 금방 눈치챌 수 있다. 제품별 매출은 합계가 중요할 수 있으나, 학생별 성적은 합계가 별 의미가 없기 때문이다.

누적 막대형 차트:
전체 합계 트렌드를
확인하기 용이

누적 막대형 차트:
합계가 큰 의미가 없을 때
어색해 보임

100% 누적 막대형 차트라는 것도 있다. 이는 전체를 100%로 맞춰놓고 이를 구성하는 비율이 어떻게 변화하는지를 확인할 때

유용하다. 아래 왼쪽 차트를 보면 전체 매출이 얼마인지, 전체 매출이 증가하는지 감소하는지는 전혀 알 수 없으나 그 안에서 A제품, B제품, C제품이 차지하는 비중의 변화는 한눈에 파악할 수 있다. 참고로 3가지 막대형 차트는 모두 세로뿐만 아니라 가로로도 그릴 수 있다. 아래 오른쪽 차트는 묶은 막대형 차트를 가로로 돌려서 그린 것이다.

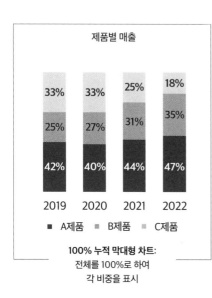

100% 누적 막대형 차트:
전체를 100%로 하여
각 비중을 표시

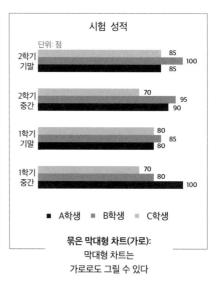

묶은 막대형 차트(가로):
막대형 차트는
가로로도 그릴 수 있다

꺾은선형 차트

두 번째 차트 유형은 꺾은선형(Line) 차트이다. 말 그대로 선으로 이루어진 차트를 말한다. 꺾은선형 차트는 개별 항목간 수치, 트렌드를 비교 분석할 때 특히 유용하다. 아래 두 차트는 A제품, B제품, C제품의 연도별 매출을 각각 누적 막대형 차트, 꺾은선형 차트로 표현한 것이다. 잘 보면 누적 막대형 차트와 달리 꺾은선형 차트는 전체 합계를 보기는 어려우나 제품별 매출의 트렌드를 보다 명확하게 확인하고 비교할 수 있다는 장점이 있다. 특히 어느 순간 갑자기 꺾여서 하락하는 C제품의 매출 수치가 눈에 도드라지게 보이는 것처럼, 꺾은선형 차트를 이용하면 트렌드 상으로 눈에 띄는 변곡점이나 이상 현상을 발견하기도 더 수월하다.

누적 막대형 차트:
전체 합계 트렌드를
확인하기 용이

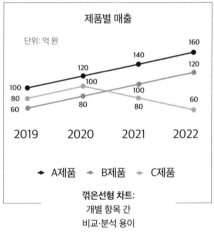

꺾은선형 차트:
개별 항목 간
비교·분석 용이

콤보 차트

막대형 차트와 꺾은선형 차트를 한번에 쓰고 싶은 경우도 있다. 이럴 때는 콤보(2-Axis) 차트를 쓰면 좋다. 다음은 어느 한 회사의 매출, 영업이익, 영업이익률을 표시한 것이다. 두 차트의 차이점을 알겠는가? 묶은 막대형 차트를 잘 보면 매출, 영업이익은 잘 표시가 되었는데 영업이익률은 거의 눈에 보이지 않는다. 영업이익률의 숫자가 너무 작아서 차트에서는 마치 사라진 것처럼 보이는 것이다. 이때 콤보 차트로 매출과 영업이익과 영업이익률의 축을 서로 다르게 설정하면 한 차트 안에 매출, 영업이익, 영업이익률을 모두 눈에 잘 보이게 표시할 수 있다.

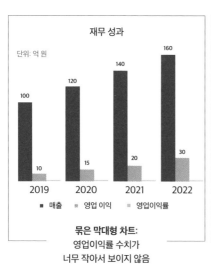

묶은 막대형 차트:
영업이익률 수치가
너무 작아서 보이지 않음

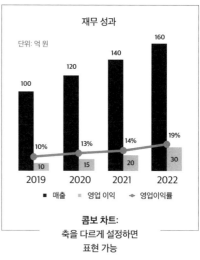

콤보 차트:
축을 다르게 설정하면
표현 가능

폭포 차트

다음으로 살펴볼 차트는 좀 특이하다. 폭포(Cascade) 차트라고 부르는 이 차트는 특정 계산 과정을 시각적으로 표현할 때 유용하게 사용할 수 있다. 다음의 차트를 보자. 우리가 재무 분석 파트에서 배웠듯이 매출에서 매출원가를 빼면 매출이익이 남고, 매출이익에서 판관비를 빼면 최종적인 영업이익이 남는다. 이것을 폭포 차트를 통해 시각적으로 표현하면 아래의 왼쪽 차트처럼 된다. 오른쪽 차트는 가계부를 시각화한 것이다. 내 계좌에 남아 있던 최초 잔고에서 월급이 들어온 다음에 얼마가 남았는지, 그리고 거기서 각종 생활비를 빼면 얼마가 남게 되는지를 폭포 차트로 표현한 것이다. 이렇게 폭포 차트는 단순히 막대형 차트나 꺾은선형 차트로는 표현하기 어려운 계산 과정을 좀 더 알아보기 쉽게 표현할 수 있다는 장점이 있다.

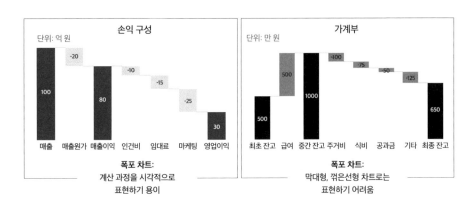

분산형 차트

마지막으로 살펴볼 차트는 분산형(Scatter) 차트다. 통계적인 상관관계를 분석할 때 특히 유용하다. 아래 왼쪽 차트는 특정 제품에 대해 얼마 할인하면 얼마의 매출이 발생하는지 분산형 차트로 표현한 것이다. 할인율이 높을수록 그만큼 판매량도 정비례해서 올라간다는 점을 명확하게 파악할 수 있다. 간혹 X축, Y축 2개 변수로는 원하는 것을 다 표현하기 어려운 경우도 있다. 이럴 때는 점의 크기를 통해 추가적인 정보를 나타내기도 한다. 아래 오른쪽 차트는 기업별 매출, 영업이익, 기업가치를 한 차트에 모두 표시한 것이다. 이런 방식의 분산형 차트는 버블(Bubble) 차트라고도 불린다.

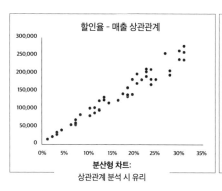

분산형 차트:
상관관계 분석 시 유리

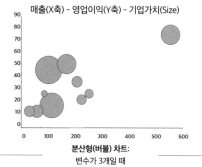

분산형(버블) 차트:
변수가 3개일 때

색상 적용하기

언제 어떤 차트를 사용하면 되는지 익숙해졌다면 이번에는 색상 관리 방법에 대해 살펴보자. 보고서를 만들 때 필요한 색상의 개수는 대부분의 무채색 1개와 유채색 1개면 충분하다. 많이 써도 유채색 2개를 넘는 경우는 흔치 않다. 여기서 색상을 추가하면 정신 사나워지기 십상이다. 유채색 1개는 어떤 것으로 골라야 할지도 고민될 수 있을 것이다. 보통은 해당 기업이나 제품, 서비스의 대표 색상을 사용하는 것이 무난하다. 스포이트 기능(Eye Dropper)을 이용하면 로고 이미지에서 원하는 색상을 추출할 수 있다. 이렇게 내가 선택한 유채색 1개와, 무채색을 톤만 다르게 조정하면 필요로 하는 대부분의 시각화는 충분하다.

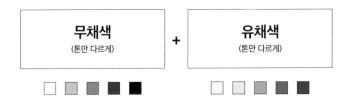

텍스트 정리하기

가독성·시각화 부분에서 재차 강조하고 싶은 것은 바로 텍스트와 관련된 내용이다. PPT에는 차트, 도형, 이미지와 같은 시각적인 자료도 많이 들어가지만 결국 메시지를 전달하는 데 가장 중요한 것은 텍스트다. 슬라이드형 보고서를 작성할 때도 워드형 보고서를 작성할 때와 마찬가지로 꼭 필요하고 중요한 내용을 중심으로 간결하게 텍스트를 잘 정리해서 넣어야 한다. 텍스트는 '~합니다' 식의 줄글로 적기보다는 '~함' 처럼 짧게 끊어서 적는 것이 일반적이다. 각 문장이 가급적 1~2줄을 넘지 않도록 하는 것도 잊지 말자.

레이아웃만 잘 잡아도 반은 간다

슬라이드 작성에서 마지막으로 살펴볼 항목은 바로 레이아웃이다. PPT 보고서 작성이 익숙치 않은 사람들은 빈 슬라이드 화면을 보면 도대체 이 페이지를 어떻게 구성하면 좋을지 막막함을 느낄 수 있다. 하지만 우리가 만드는 보고서는 대부분 어렵고 복잡한 스킬을 요구하지 않는다. 오히려 심플하고 간단할수록 좋다. 발표 자료의 특성에 따라 약간 달라질 수 있으나 일반적인 업무 환경에서 만드는 보고서는 다음 1번 그림과 같은 레이아웃을 따른다. 맨 위에는 타이틀 또는 핵심 메시지가 들어가고, 중간에는 메인 내용이 들어가며, 하단에는 각종 부가 정보(주석, 페이지 번호, 로고 등)가 들어가는 방식이다.

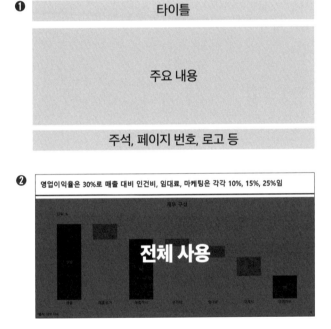

중간 영역은 전체 1칸을 다 통째로 쓸 수도 있고, 들어가는 내용에 따라 적당히 상하좌우로 분할해서 쓸 수도 있다. 예를 들어 위 2번 슬라이드는 중간 영역을 1개의 차트에 모두 할애한 사례

다. 이런 경우는 특별히 어느 하나의 차트, 어느 하나의 도식 등을 강하게 어필하고 싶을 때 유용하다.

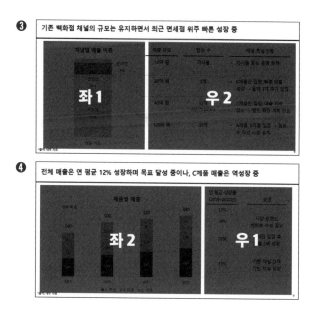

좌우를 2:1 혹은 1:2 비율로 나눠서 사용하는 것도 가능하다. 위 3번 슬라이드는 좌우 1:2 구조의 사례로 차트 1개와 더불어 이에 대한 설명이 오른쪽에 자세하게 적혀 있다. 차트의 크기는 작고 들어갈 텍스트는 많으므로 상대적으로 차트에는 적은 영역을, 텍스트에는 큰 영역을 배정한 경우다. 위 4번 슬라이드는 차트 사이즈가 크고 들어가는 텍스트는 적다. 그래서 차트에 더 넓

은 영역을, 텍스트에는 더 적은 영역을 배정하면서 대략 좌우 2:1 구조로 구성했다.

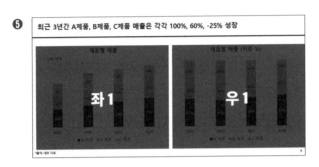

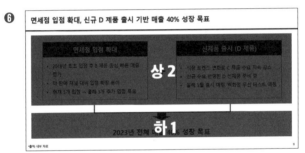

좌우를 1:1로 동등하게 나눠서 사용하는 것도 가능하다. 위의 5번 슬라이드는 차트가 2개 들어가야 하는데 2개 차트의 모양이 유사하고 중요도도 동등하여 각각 동일한 크기의 영역을 배정했다. 경우에 따라서는 상하로 공간을 쪼개어서 쓰는 것도 가능하다. 위의 6번 슬라이드에서는 강조하고 싶은 문장을 아래 쪽에

배치하고, 이를 구성하는 논거를 위에 적으면서 상하 2:1 구조를 채택했다.

이 외에도 슬라이드 공간을 쪼개는 방식이나 비율은 필요에 따라 변형이 가능하다. 내가 그리고자 하는 슬라이드에 어떤 내용이 들어가야 하는지를 보고, 앞선 예시들을 참고하여 본인의 상황에 적절한 구조를 응용해서 사용하면 된다.

여기까지, 우리가 노력해서 만들어낸 메시지를 효과적이고 매력적으로 전달할 수 있는 보고서 작성 방법을 알아보았다. 분량, 양식을 정하는 팁부터, 텍스트 중심의 워드형 보고서, 시각화 중심의 슬라이드형 보고서를 만드는 중요한 요령도 배웠다. 보고서 마스터가 되는 날이 코앞으로 다가왔다!

양식과 분량이
고민된다면?

많은 사람이 보고서 작업을 앞두고 양식과 분량에 대해 고민한다. 사실 보고서 양식, 분량에 단 하나의 정답 같은 것은 없다. 상황에 맞춰 메시지를 효과적으로 전달하기 위한 적절한 양식과 분량을 선택하면 된다. 그럼에도 너무 막막하다면 활용해볼 수 있는 한 가지 팁이 있다. 바로 비슷한 상황에 사용된 다른 보고서의 분량과 양식을 참고하는 것이다.

회사마다 선호하는 양식이나 분량이 조금씩 다르기 때문에, 기존에 사용된 보고서를 샘플로 삼는 것이 좋다. 예를 들어 컨설팅 회사에서는 제안서든 최종 보고서든 최소 10~20장을 기본으로 평균 30~50장, 최대 100장짜리 PPT 자료를 만든다. PPT 한 장에는 엄청나게 많은 정보를 압축해 넣는다. 반대로 IT 스타트업은 상대적으로 심플하고 효율성을 강조하는 스타일로, 텍스트 몇 줄로 끝내는 보고서도 많다. 대기업은 또 다를 것이다.

같은 조직이라도 상황에 따라 만들어야 하는 자료의 스타일이 다를 수 있다. 평소에는 텍스트 몇 줄로 보고를 마치는 IT 스타트업도 외부 투자 유치용 자료나 대외 소개용 자료 등에는 각각 상황에 맞는 양식과 분량을 마련한다. 최소 수십 억, 많으면 수백 억에서 수천 억의 자금이 움직이는 투자 과정에 텍스트 몇 줄로 자료를 만들 수는 없을 것이다. 이때는 자유로운 분위기의 IT 스타트업이더라도 30~50장 정도의 PPT 자료를 만드는 경우가 많다.

따라서 본인이 재직 중인 회사에서 어떤 상황에서 어떤 자료를 쓰는지를 미리 확인해보면 큰 도움이 된다. 만약 회사에 참고할 만한 자료가 없다면 인터넷에서 양식을 찾아보는 것도 좋다. 요즘은 다양한 보고서 템플릿들이 인터넷에 많이 공개되어 있어 조금만 찾아봐도 괜찮은 샘플을 얻을 수 있다.

양식과 분량의 불문율

그 외 양식과 관련해 참고할 수 있는 일반적인 기준은 다음과 같다. 다수의 청중을 대상으로 하는 발표 자료나 대외 공식 소개 자료는 PPT로 만드는 것이 일반적이다. 컨설팅 회사, 광고대행사 등에서 의뢰를 받고 수행한 프로젝트에 대한 결과물도 보통 PPT로 작성한다. 반대로 일상적인 내부 미팅 문서는 간단한 워드 형태의 문서로 제작하는 것이 효율적이다. 공공기관에서 사용하는 발표 자료도 텍스트로만 되어 있는 경우가 많다. 간혹 내부용 문서라고 하더라도 이미지나 시청각 자료가 많이 필요한 경우라면 PPT로 제작될 수 있다. 규모가 큰 기업이라면 사업부의 분기, 반기, 연간 성과 보고 등을 PPT로 공유하는 것이 대부분이다.

PPT 자료의 분량에는 딱히 제한이 없지만, 발표 시간이 정해져 있는 상황이라면 이에 맞춰서 분량을 조절해야 한다. PPT 1장당 적게는 1분, 많게는 3분 정도를 잡으면 대략 시간이 맞는다. 발표용 자료는 핵심 메시지를 중심으로 간결하면서도 강렬하게 작성하는 것이 중요하다. 부가적인 자료나 구체적인 수치 등은 부록으로 따로 빼두었다가 필요할 때마다 꺼내볼 수 있도록 준비하면 더 좋다.

보고서가 불필요하게 길면 작업하는 데도 많은 시간이 소요되지만, 그것을 읽고 확인하는 입장에서도 비효율적이다.

필요한 내용만 제대로 전달할 수 있다면 보고서의 길이는 짧으면 짧을수록 좋다. 고수들의 대화일수록 이런 현상은 두드러진다. 컨설팅 회사에서는 프로젝트를 위해 30~50장 이상의 PPT

자료와 함께 한 장짜리 개요서를 준비한다. 개요서는 기업의 회장, 대표, 임원 등을 위한 발표에 사용된다. 높은 위치에 있는 사람일수록 시간이 부족하기 때문에 가장 중요한 내용만을 압축적으로 정리해서 전달받기를 원한다. 이때는 양사의 최고위 직급들끼리 이 1장짜리 PPT만 놓고 보고를 진행한다. 그야말로 고수들 사이에 극도로 효율적이고 정제된 대화가 오고 가는 것이다. '한 장짜리면 더 쉽게 만들 수 있겠네'라고 생각한다면 오산이다. 모든 상황을 정확하게 파악하면서, 상대방에 대한 이해가 높고, 전달하고자 하는 메시지가 명확하고 강력해야 단 한 장 안에 핵심만 추려서 담을 수 있다. 단순히 PPT를 빠르게, 많이 그리는 것이 보고서의 고수는 아니다.

이렇듯 보고서의 달인이 되려면 시점, 장소, 상황, 즉 TPO에 맞는 적절한 분량과 양식을 선택할 수 있으면서도 경우에 따라서는 핵심만 잘 짚어내어 한 장짜리 보고서(때로는 단 몇 줄의 글)만으로도 성공적으로 보고할 수 있는 능력을 함께 갖추어야 한다.

CHAPTER 4

용두사미는 없다!
100% 성공하는
최종 보고·발표

최종 보고,
끝내기의 순간

이제까지 보고서의 맥을 잘 짚고, 좋은 메시지를 도출하고, 이를 보기 좋은 보고서로 만드는 방법을 모두 알아보았다. 마지막 단계인 프레젠테이션까지 잘 끝내면 최종적으로 유종의 미를 거두게 될 것이다. 이는 바둑으로 치면 끝내기 단계와도 비슷하다. 바둑에서는 경기 막판에 마무리 돌을 두며 본인의 영역을 확정하는 것을 끝내기라고 부른다. 이미 대세가 다 정해진 경기 같아도 끝내기를 어떻게 하느냐에 따라 한집, 반집 차이로 경기가 뒤집힐 수 있다. 내가 정성들여 열심히 만든 보고서가 약간의 요령 부족으로 인해 마지막에 갑자기 틀어지거나, 제대로 전달이 되지 않아 문제가 생기면 너무 아쉽지 않을까?

결국 보고서는 보고를 받는 사람에게 내가 전하고자 하는 정보와 메시지가 잘 전달되었을 때 가치가 있다. 아무리 보고서 안에 좋은 정보와 의견, 아이디어가 적혀 있다고 해도 그것이 보고받는 사람에게 제대로 전달되지 않는다면 성공한 보고서라고 하기 어렵다. 따라서 보고서 작업을 하는 사람은 반드시 이 전달 과정을 머릿속에 명확하게 그릴 필요가 있다. 전달 과정을 얼마나 잘 챙겼는지에 따라 보고받는 사람의 반응이나 업무 결과가 크게 달라질 수 있기 때문이다.

말빨은 없고 보고 울렁증만 있어도 괜찮아!

지금부터는 성공적인 보고서 작업 마무리를 위해 알고 있으면 좋은 3가지 항목을 알아보려고 한다. 참고로 여기서는 '최종 보고·발표'라는 단어를 단순한 프레젠테이션 스킬을 넘어 최종 보고서 전달 과정 전체로 좀 더 폭넓게 정의할 것이다. 실제로 최종 보고 성패에 영향을 미치는 요소에는 발표 순간의 화법도 있지만, 이 외에도 우리가 꼭 알아야 할 과정이 많다.

물론 화법이나 프레젠테이션 역량 자체가 전혀 중요하지 않은 것은 아니다. 강의·강연 등 다수의 청중을 대상으로 하는 발표나,

제품·서비스를 판매해야 하는 세일즈 현장에서는 그에 맞는 고도화된 화법이 필요할 수 있다. 소위 '말빨' 하나만으로도 청중을 휘어잡고 많은 사람에게 영감을 주는 능력있는 프레젠테이션 전문가도 많다.

그러나 우리가 일상 속에서 마주하는 대부분의 일반적인 업무 상황에서는 엄청난 달변을 필요로 하는 경우가 생각보다 많지 않다. 말은 평범하게 하더라도 상대방에게 내 메시지를 정확하게 전달하고, 질문에 잘 대답하고, 적절한 논의나 의사결정을 이끌어낼 수 있으면 충분하다.

따라서 우리는 일반적인 직장인의 입장에서, 대한민국 상위 1% 달변가가 아니어도 누구나 최종 보고를 성공적으로 마무리할 수 있는 노하우에 대해서 알아볼 예정이다. 상대방에게 자기 의견을 전달하거나, 보고를 하는 자리가 유독 부담스럽고 걱정되는 사람이라면 이어서 설명할 내용을 꼭 본인의 업무에 잘 적용해서 '보고 울렁증'을 극복해내길 바란다.

망하지 않는 최종 보고의 3가지 원칙

흔히 망하는 최종 보고는 이런 식으로 흘러간다.

"오늘은 ○○ 사업부의 주요 안건에 대해 발표하겠습니다. ×× 시장의 경우 최근 코로나 종료의 영향으로 ○○% 수준의 성장률을 회복했으나 주요 해외 국가별 규제 강화로 △△, △△ 같은 이슈가 발생하고 있습니다. ×× 시장의 주요 플레이어에는 A, B, C 같은 업체들이 있는데 이 업체들은 최근… 그래서 ○○ 사업부는 △△, △△와 같은 액션 플랜의 실행을 고민 중에 있는데 이를 위해서는 □□ 부서의 협조가 필요합니다. 이를 위해서는…."

대표: "정확히 무슨 말을 하려는 건지 잘 모르겠는데요. 결론부터 말해주세요. 제가 정확히 어떤 의사결정을 내려야 하는 거죠?"

임원: "혹시 이런 부분은 체크해보셨나요? 이런 부분에 대한 확인 없이 어떤 판단을 하기는 어려울 것 같은데요."

팀장: "저희 팀이랑은 이야기된 적도 없는데요. 저희 팀은 준비가 전혀 되지 않은 상황이라 지원이 어려울 수도 있을 것 같습니다."

이런 진땀 나는 상황은 왜 발생하는 것일까? 발표자의 발표 내용을 살펴보면 사업과 관련된 주요 정보나 해당 사업부의 추후 대응 방안, 타 부서로의 협조 요청 사항 등 메시지라고 할 수 있는 것들이 어느 정도 정리되어 있는 것 같다. 그런데 발표자의 이러한 노력에도 불구하고 보고를 받는 사람들의 반응은 냉정하기만 하다. 최종 보고에서 이런 피드백이 나온다면 무척 좋지 않은 신호다. 단순 달변이나 임기응변으로 무마하는 것도 한계가 있다. 말 그대로 실패한 보고가 되는 것이다. 방법이 없을까?

성공적인 마무리를 위한 '최종 보고 삼신기'

성공적인 보고서의 마무리, 즉 제대로 된 보고서 전달을 위해 우리가 알고 있으면 좋은 요령에는 여러 가지가 있지만 그중에서도 반드시 지켜야 하는 원칙이 있다. '최종 보고 삼신기'라고 부르는 이 3가지만 잘 활용해도 보고서 전달 단계에서 갑작스럽게 실패하는 확률을 크게 줄일 수 있다.

- 프리와이어
- 결론 먼저
- 선택지

첫째, '프리와이어(pre-wire)'는 최종 보고를 하기 전에 주요 의사결정자나 유관 부서와 미리 충분히 소통을 하는 행위를 의미한다. 내용과 방향에 대해 관계자들과 미리 충분히 합의한 상태로 최종 보고에 들어가는 것이다. 이를 잘 활용하면 최종 보고 도중 갑자기 예상치 못한 질문이나 부정적인 피드백이 나올 확률을 최소화할 수 있다.

앞선 사례에서 "혹시 이런 부분은 체크해보셨나요? 이런 부분에 대한 확인 없이 어떤 판단을 하기는 어려울 것 같은데요"라는 임원의 발언이라든지, "저희 팀이랑은 이야기된 적도 없는데요. 저희 팀은 준비가 전혀 되지 않은 상황이라 지원이 어려울 수도 있을 것 같습니다" 같은 팀장의 말은 모두 프리와이어가 충분히 진행되지 못 해서 발생하는 문제이다.

둘째, '결론 먼저'는 핵심 메시지를 먼저 말하는 두괄식 커뮤니케이션 방법을 말한다. 이는 대부분의 회사 생활에서 가장 중요한 기본 기술이지만, 특히 보고 받는 사람의 연차나 직급이 높은 상황이라면 더 중요해진다. 직급이 높은 사람일수록 일반적으로 시간이 많지 않고, 짧은 시간 안에 핵심만 빠르게 전달받고 그에 대해 논의하고 싶어하기 때문이다. 위에서 대표가 "정확히 무슨 말을 하려는 건지 잘 모르겠는데요. 결론부터 말해주세요"라고 말한 이유는 발표자가 바로 이 '결론 먼저' 원칙을 지키지 않았기 때문이다.

마지막 '선택지'는 필요한 의사결정을 빠르고 효과적으로 받아내야 할 때 특히 유용한 방법이다. 의사결정자에게 일종의 메뉴판을 제공하고 그중 하나를 고르도록 유도하는 것이다. 이렇게 하면 의사결정자가 본인이 어떤 사항에 대해 어떤 의사결정을 내려야 하는지도 명확히 이해할 수 있고, 적시에 적절한 기준을 가지고 의사결정하기도 편해진다. 대표가 "제가 정확히 어떤 의사결정을 내려야 하는거죠?"라고 언급한 부분도 선택지를 잘 활용하면 해결할 수 있다.

그렇다면 '프리와이어', '결론 먼저', '선택지'는 구체적으로 언제, 어떻게 활용하면 좋을까? 순서대로 자세히 알아보자.

프리와이어

보고서 작업을 하면서 보고서의 맥을 제대로 짚기 위해서는 주기적인 동기화가 무척 중요하다고 강조한 바 있다. 이는 보고서를 마무리하는 단계에서도 크게 다르지 않다. 경영 컨설팅 업계에서는 중요한 보고를 앞두고 고객사의 주요 의사결정자들과 미리 여러 번 소통하면서 진척 현황은 어떤지, 결과물은 괜찮은지 등을 체크하는 과정을 '프리와이어'라고 부른다. 프리와이어를 통해 고객의 반응을 미리 청취하고 피드백을 반영하여 최종 보고를 준비하면 당연히 프리와이어 없이 무작정 최종 보고에 들어가는 것보다 결과물의 품질도 향상되고, 고객사가 만족할 확률이 올라간다.

회사에서 진행하는 보고 상황에서도 프리와이어를 적절히 잘 활용하면 큰 도움이 된다. 최종 보고 단계에서 프리와이어가 가지는 의미로는 다음이 있다.

- 참석자의 이해도 향상
- 피드백 사전 청취·반영
- 의사결정 필요 사항 또는 타 부서 협조 요청 사전 전달·협의

먼저 참석자의 이해도 향상이다. 일반적으로 비즈니스에 대한 보고서는 복잡하고 어려운 내용이 많이 들어가게 마련이다. 아무리 한 기업의 대표나 임원, 팀장이라고 해도 본인이 잘 모르는 산업이나 제품, 시장에 대한 보고서라고 하면 내용을 쉽게 이해하지 못할 수 있다. 따라서 최종 보고를 하기 전에 프리와이어를 진행하면 참가자들의 이해 수준을 높이고 보고서에서 말하고자 하는 바를 더 잘 전달할 수 있다.

프리와이어가 중요한 또 다른 이유 중 하나는 이 단계를 통해서 최종 의사결정자나 유관 관계자로부터 사전 질문이나 피드백을 미리 받을 수 있다는 점이다. 세상에 한 번에 통과하는 보고서는 많지 않다. 3번 안에 통과되는 보고서는 5%에 불과하다고 한다. 사람들이 만드는 95%의 보고서는 최소 3번 이상의 반려와 피드백, 수정을 거치고 나서야 최종 통과가 되는 것이다. 따라서, 내가 보기에 완벽한 보고서라고 하더라도, 최종 보고를 한 번에

무난하게 통과할 것이라는 생각은 하지 않는 것이 좋다.

그렇다면 어떻게 하면 될까? 최종 보고 전에 프리와이어를 통해 미리 내용을 공유하고 피드백을 받자. 그리고 프리와이어 때 받은 질문이나 피드백을 최종 보고까지 반영해서 가져가면 된다. 이렇게 되면 최종 보고에서 갑자기 뒤집히거나 크게 실패활 확률을 상당히 줄일 수 있다.

반대로 프리와이어를 진행하지 않는다면? 예상치 못한 질문이 나왔을 때 제대로 대답하지 못하고 '어…' 하며 우물쭈물하는 사태가 일어나게 된다. 또한 보고서에 들어가야 할 중요한 내용을 빼먹는 경우도 생긴다. 최종 보고 자리에서 "혹시 이런 것들은 검토하지 않았나요?" 같은 질문을 받게 되면 얼마나 당황스럽겠는가. 이런 상황을 막기 위해서라도 프리와이어를 적극적으로 활용해야 한다.

또한 다른 부서의 협조가 필요한 업무에 대해 미리 공유하고 사전 협의할 수 있는 시간이 생긴다는 점도 장점이다. 앞에서 살펴본 사례처럼, 다른 부서의 협조나 도움이 필요한데 최종 보고 자리에서 갑자기 "저희 팀이랑은 이야기된 적도 없는데요. 저희 팀은 준비가 전혀 되지 않은 상황이라 지원하기 어려울 수도 있습니다"라는 이야기를 듣는 것만큼 난감한 일이 또 있을까? 이런 사태를 막기 위해서라도 중요한 유관 관계자들에게는 꼭 보고서의 내용을 사전 공유하고 그들의 협조를 미리 구하는 것이 안전하다.

의사결정도 마찬가지다. 큰 규모의 투자가 필요하거나, 사업에서 중요한 의사결정일수록 최종 의사결정자에게 미리 이러한 상황을 알리고 심사숙고할 시간을 주는 것이 당연하다. 이런 과정 없이 최종 보고에서 갑자기 사안을 꺼내서 그 자리에서 의사결정을 받으려고 한다면 원하는 시점에 제대로 된 의사결정을 받지 못할 확률이 높다.

프리와이어는 이런 사태를 사전에 방지하고 대비하게 해주는 중요한 도구다. 프리와이어를 통해 미리 상대방의 질문과 피드백을 받아두면 이에 어떻게 대답해야 할지를 미리 충분히 고민할 수 있고, 놓쳤거나 부족한 부분을 최종 보고 전에 보완할 수 있으며, 주요 의사결정자나 유관 부서의 협조도 사전에 구할 수 있다.

성공 확률을 확 올려주는 사전 미팅

그렇다면 프리와이어는 어떻게 진행하면 될까? 프리와이어 목적의 사전 미팅은 공식적이고 잘 갖춰진 발표 자리일 필요는 없다. 오히려 자유롭고 편안한 미팅 분위기에서 쉽게 의견을 주고 받을 수 있다. 결과물이 아직 100% 완성되지 않은 상태라고 해서 너무 걱정할 필요도 없다. 프리와이어 미팅은 어디까지나 중간 작업물 공유 단계다. 결과물은 최종 보고 전까지만 준비하면 된다.

프리와이어 미팅을 잡을 때는 한 가지 유의할 점이 있다. 적어도 마지막 프리와이어 미팅은 최종 보고 직전으로 잡지 않는 것이 좋다는 점이다. 프리와이어는 보고서 작업의 어느 시점에도 할 수 있지만 마지막 프리와이어는 적어도 최종보고 3~4일 전, 여유가 있다면 7~10일 전에 진행하면 좋다. 그래야 프리와이어를 통해 받은 피드백을 최종 보고 전까지 반영하기 위한 충분한 시간을 확보할 수 있기 때문이다. 프리와이어를 통해 열심히 의견을 받아놓고는, 정작 최종 보고 자료에는 그것들이 전혀 반영되지 않았다면 그 의견을 준 상대방도 무척 실망할 것이다.

이렇게 몇 가지 사항만 잘 챙기면 프리와이어는 우리가 성공적으로 프레젠테이션을 마칠 수 있게 해주는 든든한 지원군이 될 수 있다. 프리와이어가 제대로 이루어진 보고서는 최종 보고 단계에서 갑자기 틀어지거나, 크게 실패할 확률이 5% 미만으로 떨어진다.

결론 먼저

프리와이어를 통해 사전 조율이 충분히 되었다면 이제는 발표를 준비할 차례다. 사람이 말을 전하는 데에는 여러 가지 기법이나 기술이 있다. 말을 잘하는 사람이 다양한 상황에서 상당히 유리한 고지를 점하는 것도 사실이다. 하지만 앞서 말한 것처럼, 일상적인 업무 상황에서 보고서 발표를 할 때 우리가 꼭 엄청난 달변가여야만 할 필요는 없다. 평범하고 담담하게 이야기해도 괜찮다. 한 가지 원칙만 지키면 된다. 어떠한 말을 할 때는 가급적 '결론 먼저' 말해야 한다는 점이다.

두괄식으로 말하는 것이 중요하다는 이야기는 많이 들어보았을 것이다. 두괄식은 가장 중요한 결론을 가장 먼저 이야기하는 방식을 말한다. 특히 비즈니스 상황에서는 두괄식 커뮤니케이션을 지키는 것이 중요하다. 만약 이를 지키지 않는다면 어떤 문제가 생길까? 다음 사례를 살펴보자.

누군가 공유할 안건이 있다며 사람들을 잔뜩 모으기 시작했다. 미팅 요청을 받은 참석자들은 '발표자가 무슨 이야기를 하려나?'라는 궁금증과 함께 자리에 앉는다. 발표자가 말을 시작한다.

> "요즘 금융 시장 상황이 좀 안 좋은데요… 금리도 오르고 이자 부담도 커지고… 저희가 그 와중에 마케팅비를 월 ○억을 쓰고 있는데… 보니까 마케팅비가 월 ○억 이상이면 효율이 낮아지고… 이게 저희 월 성장 목표와도 관계가 있는데… 현금 흐름 관리는 좀 해야 할 것 같고…."

이 발표를 듣는 사람들은 발표자가 도대체 무슨 말을 하고 싶은지 알 수가 없다. '마케팅비를 줄이자고 하는 건가?', '마케팅 효율을 개선하자는 건가?', '월 성장 목표를 달성하지 못했나?', '회사 현금 잔고에 문제가 있나?', '금리는 또 무슨 상관이야?' 별의별 질문이 다 떠오른다. 그렇게 원하는 답을 얻지 못한 참석자들은 금세 집중력을 잃는다. 속으로 '바빠죽겠는데 왜 부른 거야?'라고 생각하며 노트북을 열고 다른 일을 하기 시작한다.

앞선 사례는 미괄식 커뮤니케이션에서 볼 수 있는 단점의 예시다. 미괄식 커뮤니케이션은 이렇게 상대방의 흥미와 집중력을 잃기 쉽고, 의사소통의 효율성이 크게 떨어진다는 문제가 있다. 그래서 대부분의 비즈니스 상황에서는 가급적 두괄식으로 이야기하는 것을 권장하는 것이다. 위에서 발표자가 미괄식 대신 두괄식으로 이야기했다면 어떻게 달라졌을까? 두괄식 커뮤니케이션에서는 서두에 결론부터 말한다.

> "저희 회사는 상반기에 마케팅 지출을 월 ○억 이하로 줄여야 할 것 같습니다."

이 경우 사람들은 '어, 갑자기 왜 마케팅비를 줄이자고 하지?', '이유가 무엇일까?'라며 호기심을 가지고 발표자의 말에 집중할 것이다.

가장 중요한 결론을 먼저 말한 직후에는 "이유는 3가지가 있습니다" 같은 식으로 뒤이어 어떤 이야기를 할지에 대해 미리 예고하면 더 효과적이다. 이렇게 하면 사람들은 이유가 무엇인지를 궁금해하며, 3가지 이유가 다 나올 때까지 계속해서 집중력을 유지한 상태로 발표자의 말에 귀를 기울이게 된다. 그 다음에는 "일단 시장 자금 흐름이 경색되어 안정적인 현금 관리가 필요합니다", "또한 마케팅비가 월 ○억 이상이면 효율성이 급감하는 경향이 있습니다", "마케팅비를 줄이면 고객 유입이 ○○ 정도는 줄어들 것 같지만 그래도 ○○%의 성장률은 유지하면서 경영 목표를 달성하는 데는 큰 문제가 없을 것 같습니다"라며 핵심 논거를 차례대로 설명하면 된다.

상황에 따라 두괄식 커뮤니케이션을 약간 변형할 수도 있다. 참가자들의 이해를 돕기 위해 간략한 배경을 설명하고 그 다음에 결론을 제시하는 것이다.

> "오늘은 마케팅 예산에 대해 드릴 말씀이 있어서 이렇게 모셨습니다."

아직 결론을 말하지는 않았지만, 이런 식으로 오늘 미팅에서 무슨 말을 하고 싶은지를 먼저 간략하게 설명하면 참가자들이 그 다음에 나올 결론에 자연스럽게 집중하게 된다. 물론 이때도 배경 설명이 너무 길어지지 않게, 핵심 메시지가 너무 늦게 나오지 않게 순서나 길이를 잘 조절하는 것이 중요하다.

예를 들어 "요즘 시장의 자금 흐름이 경색되어 안정적인 현금 관리가 필요하고, 마케팅 예산도 조정이 필요합니다" 하고 배경에 대한 간략한 추가 설명을 진행한 후 바로 "적정 마케팅 비용은

○억 정도라고 생각합니다"라며 바로 결론을 말하는 식이다.

청중의 관심을 사로잡는
질문 활용법

발표에 조금 요령이 생겼다면 가끔은 다른 방식을 시도해보는 것
도 좋다. 핵심 결론을 말하기 전에 청자의 호기심을 유발할 수 있
는 질문을 간단히 던져 보는 것이다.

  "혹시 △△에 대해 들어보셨나요?"
  "혹시 이 숫자가 무엇을 의미하는지 아시나요?"
  "혹시 이 질문에 대한 답을 아는 분이 계신가요?"

이렇게 간단한 질문을 던지면 청자들이 '내가 생각한 것이 답
일까?', '정답은 무엇일까?'에 대해 궁금해하며 발표에 훨씬 더 흥
미를 가지고 몰입하게 된다.

예를 들어 "지난 달 고객 만족도 점수는 83점으로 가장 높은
수준을 보였습니다"라고 하는 것과 "83점, 혹시 이 숫자가 무얼
뜻하는지 아시나요? 바로 지난 달 고객 만족도 점수입니다. 이

는 그동안 집계됐던 점수 중 가장 높은 점수입니다, 박수!"라고 하는 것은 같은 이야기임에도 전달력이나 분위기에서 큰 차이가 있다.

　결론 먼저 말하는 두괄식 커뮤니케이션과 흥미를 유발하는 질문 던지기는 말재간이 없는 사람도 누구나 할 수 있는 쉬운 요령이다. 우리가 주로 마주하는 일상적인 업무 상황에서는 이것만 잘해도 충분하다. 이 원칙만 잘 지키면 엄청난 달변가는 아니더라도, 보고서가 통과될 정도의 발표는 충분히 해낼 수 있다.

최종 보고 원칙 3

선택지

최종 보고를 위한 3가지 원칙 중 마지막으로 '선택지'를 알아보자. 선택지는 쉽게 말하면 일종의 메뉴판이다. 선택지는 특히 상대방에게 어떠한 의사결정을 빠르게 이끌어내야 할 때 유용하게 활용할 수 있다.

한 사업부에서 내년도 예산을 정하는 상황을 가정해보자. 예산이 왜, 얼마나 필요한지에 대해서는 상황과 사람에 따라 무척 다양한 기준이 있다. 예산은 1억 원이 될 수도 있고, 10억 원이 될 수도 있다. 경우에 따라서는 3억 원, 5억 원, 7억 원도 가능하다. 그러나 사람들은 선택지가 너무 많으면 오히려 선택하기 어려워하는 경향이 있다. 이럴 때는 선택지를 3~4개 정도로 줄여야 제때 의사결정을 할 수 있다. 5개 이상의 선택지를 제시하는 것은 권장하지 않는다. 그리고 선택지를 구성할 때는 각각의 특성이 명확하게 구분되어야 한다. 선택지가 서로 겹치거나 유사하게 보이는 상황은 가급적 피할수록 좋다.

선택지의 순서에도 의미가 있다

선택지 전략을 쓸 때 중요한 팁이 있다. 내가 원하는 제안을 중간에 배치하면 유리하다는 점이다. 사람은 3가지의 선택지가 주어지면 극단적인 것을 배제하고 안전하게 중간을 선택하려는 경향이 있다. 그래서 3개의 선택지를 구성할 때는 내가 선호하는 선택지를 중간에 두고 앞뒤로 공격적인 선택지와 비교적 보수적인 선택지를 배치하는 것이 좋다. 이렇게 하면 내가 제안한 안이 선택될 확률이 자연스럽게 올라간다.

내년도 예산에 대한 보고에서는 투입 예산, 기대 효과라는 명확한 기준을 토대로 선택지를 구성할 수 있을 것이다. 비용이 적게 들어가는 대신 기대 효과도 작은 보수적인 선택지(순한 맛), 비용이 많이 들지만 그만큼 기대 효과도 큰 공격적인 선택지,(매운 맛) 중간 정도의 비용을 투입해 중간 정도의 기대 효과를 예상할 수 있는 선택지(중간 맛), 3가지로 배치하는 것이 적절하다.

간혹 회사 생활을 하다 보면 보고는 잘 마쳤는데 정작 필요한 의사결정은 받지 못해 사업이나 프로젝트가 한없이 표류되는 경우가 생기고는 한다. 이럴 때는 선택지를 잘 정리해서 먼저 제시하면, 상대방이 명확한 판단 근거를 가지고 적시에 중요한 의사결정을 할 수 있다. 의사결정 상황에서 선택지가 있고 없고는 생각보다 차이가 굉장히 크다. 그러니 제때 컨펌을 받아야 하는 상황이 생긴다면 꼭 선택지 전략을 잘 활용해보기 바란다.

프레젠테이션에서 정말로 중요한 것

지금까지 성공적인 마무리 작업을 위해 꼭 알아두어야 하는 최종 보고의 3가지 원칙에 대해 배웠다. 다음 주제로 넘어가기 전에, 프레젠테이션과 관련해 추가로 알면 좋은 팁 한 가지를 소개하겠다.

많은 프레젠테이션 관련 강의나 자료를 찾아보면 화법을 포함해 눈 맞춤, 목소리 톤, 말하는 속도, 제스처 등 외적인 요소를 강조하는 경우가 많다. 물론 이런 것들이 좋은 발표를 하는 데 중요한 요소인 것은 맞다. 하지만 더 본질적이고 중요한 것이 있다. 바로 보고서의 메시지와, 그 메시지에 대한 스스로의 자신감이다.

보고서의 메시지가 부실한데 그저 발표 스킬이 좋고 언변이 화려하다고 해서 보고가 성공적으로 마무리되는 경우는 거의 없다. 그리고 내가 내 보고서에 대한 자신감이 없다면 상대방과 눈을 마주치고, 침착한 톤과 속도를 유지하면서 말하기가 무척 어렵다. 반대로 메시지와 자신감이 충분하면 눈 맞춤, 목소리 톤, 말하는 속도, 제스처 등 외적인 요소들은 대부분 자연스럽게 따라온다. 물론 발표 스킬을 능숙하게 활용할 수 있다면 더 좋지만, 발표 스킬이 보고서의 메시지와 발표자의 자신감이라는 본질적인 요소보다 우선하지는 않는다는 점을 명심하자.

따라서 '발표를 잘 해내고 싶다'라는 목표가 있는 사람이 가장 먼저 해야 할 일은 '내가 이 주제, 이 작업 결과물에 대해서만큼은 누구보다 자신 있다'라고 자부할 정도의 결과물을 만드는 것이다. 간혹 '예상치 못한 질문이 들어오면 어쩌지?', '혹시 내가 놓치거나 빼먹은 게 있으면 어쩌지?'라는 걱정이 들 수도 있다. 하지만 지금까지 배운 요령들을 잘 활용하여 보고서의 맥을 잘 짚고, 좋은 메시지를 만들고, 프리와이어 등을 통한 사전 동기화까지 잘 해냈다면 돌발 상황에서도 침착하게 대처할 수 있을 것이다.

스크립트가 있으면 발표를 더 잘할 수 있을까?

간혹 발표문을 길게 작성하고 이를 토씨 하나 안 틀리고 외우는

데 많은 시간을 쓰는 사람들이 있다. 열심히 노력하는 만큼 결과도 달라질 수 있지만, 추천하는 방법은 아니다. 일단 20~30분 이상 되는 발표문을 작성하는 것이 비효율적이며, 이를 제대로 외우는 것도 어렵고, 결정적으로 발표문을 외워서 말하면 경직되고 부자연스러운 발표로 이어질 확률이 높기 때문이다.

그렇다면 어떤 방법이 있을까? 여러 전문가들이 추천하는 가장 효율적인 방법 중 하나는 '키워드 중심 발표'다. 전체 문장을 다 외우지 않고, 키워드를 중심으로 자연스럽게 발표를 이어나가는 방식이다. 키워드를 미리 준비하거나 순서를 애써 외울 필요도 없다. 보고서 내용을 제대로 이해하고 있다면 발표 자료를 넘기면서 키워드가 나올 때마다 해야 할 말이 자동으로 나올 것이다. 더 나아가 보고 자료를 한 장 한 장 넘기면서 일종의 시뮬레이션을 하듯이 미리 혼잣말로 서너 번 정도 연습을 하면 더 깔끔하고 완벽한 발표를 할 수 있을 것이다.

CHAPTER 5

AI로 업무 능력 업그레이드하기

리서치가 2배 빨라진다

최근 몇 년간 AI 산업이 빠르게 부상해, 하루가 멀다하고 새로운 AI 모델이나 도구가 시장에 등장하고 있다. 이러한 급격한 성장은 AI에게 일자리를 빼앗길 수 있다는 불안감을 만드는 한편, AI를 활용해 업무 역량을 높이거나 새로운 사업 아이템을 찾는 기회도 동시에 안겨준다.

우리는 어떤 길을 택할 것인가? AI는 단순한 문답을 넘어 워드, 엑셀, 코딩, 디자인, 번역 등 다양한 분야에서 쓰이고 있다. 앞으로는 AI를 잘 활용하는 사람과 그렇지 않은 사람의 생산성이 최소 2배, 많으면 10배 이상 차이가 날 것이다. AI는 더 이상 선택 사항이 아니다. 회사, 직급, 직무를 막론하고 누구나 꼭 배워야만 하는 필수재가 되었다.

그렇다면 보고서를 쓸 때는 AI를 어떻게 활용할 수 있을까? 앞서 살펴보았듯이, 보고서는 아주 다양한 작업의 집합체다. 목차를 잡는 것부터 리서치, 요약 정리, 시각화 등 보고서 하나를 쓰기 위해서는 수많은 스킬이 요구된다. 다음의 세부 작업들을 진행할 때 AI를 잘 활용하면 작업 속도를 높이고, 보고서의 품질을 높이는 데 큰 도움을 받을 수 있다. 지금부터 구체적인 사용법에 대해 하나씩 알아보도록 하자.

리서치	○○에 대해 조사해줄 수 있어?
작업 계획·목차	○○ 검토 시 확인해야 할 것은 무엇일까?
요약·정리	이 글을 간단하게 요약 정리해줘.
네이밍	○○한 것을 고민 중에 있는데 이름이나 제목을 뭐라고 하면 좋을까?
PPT 작업	○○한 내용으로 슬라이드를 그려줄 수 있어?
엑셀 함수·코딩	○○ 작업을 자동으로 할 수 있는 함수를 만들어줄 수 있어?
데이터 분석	이 데이터를 분석해줄 수 있어?
이미지	○○한 이미지를 만들어줄 수 있어?
번역	이 글을 영어로 번역해줄 수 있어?

보고서의 감을 잡는 AI 리서치

가장 먼저 알아볼 항목은 리서치다. AI가 도입되기 전에는 리서치를 위해 검색 포털에서 나온 결과물들을 하나하나 다 살펴보고 직접 내용을 모두 학습한 뒤 정리해야 했다. 이제는 AI를 활용해 더 효율적으로 리서치를 할 수 있게 되었다.

챗GPT 무료 버전은 2022년 초까지의 데이터만 학습되어 있으므로 최신 정보까지 학습했거나, 스스로 인터넷을 검색한 결과를 전달할 수 있는 챗GPT 유료 버전 혹은 제미나이 등을 이용하도록 하자. 최근에는 AI가 어느 정도 팩트 체크도 해주고, 데이터가 도출된 출처의 링크도 함께 정리해주기 때문에 더 편리해졌다.

이를테면 특정 시장의 트렌드나 최근 동향에 대해 AI에게 리서치를 요청할 수 있다. 빠른 속도로 질문에 대답해줄 뿐만 아니라 구조가 잘 정리된 형태로 결과를 보여주기 때문에 사실상 짧은 리서치 보고서와 크게 다르지 않다. 아주 효율적으로 리서치 작업을 시작할 수 있는 자료를 얻는 것이다. 물론 AI만 가지고 모든 리서치 업무를 대체하기는 어렵겠지만, 그럼에도 리서치 초반에 전체적인 구조를 파악하고 추가 작업에 대한 감을 잡는 용도로는 충분히 활용할 수 있다.

AI에게 리서치를 요청할 때는 "최근 ○○ 시장의 트렌드에 대해 리서치해줄 수 있어?" 같이 간단하게 질문할 수도 있지만 가능하면 구체적인 지시 사항과 출처를 명시해주면 좋다. 다음과 같이 질문하면 AI는 훨씬 자세한 결과를 제공해줄 것이다.

□□, △△ 등 전문 리서치 기관에서 제공하는 자료를 참고해서 ○○ 시장 규모, 성장률을 알려줄 수 있어? ○○ 시장을 세분화한 뒤 분야별 시장 규모, 성장률도 함께 정리해줘. 각 분야의 1~3위 업체는 어디인지도 함께 알려주면 좋겠어.

리서치를 진행하는 배경이나 목적에 대한 추가 정보를 주는 것도 좋다. 이렇게 하면 AI가 리서치 결과를 해당 배경과 목표에 맞게 맞춤형으로 제공해준다. 경우에 따라서는 AI가 단순 리서치를 넘어 자세한 해석을 곁들여 주거나 어떤 액션을 취하면 좋은지 적절한 조언을 제공하기도 한다. 앞의 질문을 조금만 바꿔보자. AI에게 누가 어떤 이유로 리서치를 진행하는지 배경과 목적을 좀 더 자세하게 설명해주는 것이다.

○○ 분야 스타트업의 신사업 기회를 타진하기 위해 시장 리서치가 필요한 상황이야. 전문 리서치 기관에서 제공하는 자료를 참고해서 세그먼트별 시장 규모, 성장률을 수치로 정리한 뒤 신규 스타트업이 진입하기 좋은 시장은 어디인지도 알려줄 수 있어?

이렇게 상황을 제시하면 좀 더 구체적인 답변을 받을 수 있다. AI가 단순히 주요 분야별 시장 규모, 성장성을 넘어서 구체적으로 각 세부 시장별로 어떤 영역에서 신규 스타트업의 진입 기회가 있는지도 간략하게 제시해준다. 예를 들어 헬스케어 부문이라면 초기 진단, 치료 계획 등 특정 분야를 짚어주는 것이다. 물론 이 정보가 정확한 내용인지는 엄밀하게 검증해야겠지만, 시장에 대해서 잘 모를 때 초기 가설을 잡는 데는 분명 유용하게 활용할 수 있다.

원하는 목차나 양식, 분량이 명확한 경우에도 이를 구체적으로 제시해주면 원하는 결과를 얻는 데 도움이 된다. 다음 질문 내용을 참고하자.

분야별 시장 규모, 성장률을 수치로 정리한 뒤 신규 스타트업이 진입하기 좋은 시장은 어디인지도 알려 줄 수 있어? 아래 순서대로 약 3,000자 분량으로 정리해주면 좋겠어.
- 전체 ○○ 시장의 규모와 성장률
- 주요 분야별 시장 규모와 성장률
- 제안
- 유의사항

목차나 양식, 분량이 구체적일수록 AI가 보다 내 입맛에 맞는 결과물을 제시할 확률이 높아진다. AI에게 범위를 정해주지 않고 열린 질문을 던지면 아무래도 내가 원하는 정보를 딱 짚어서 받지 못하는 경우가 많다. AI가 내가 궁금한 부분에 대해서는 답변을 주지 않고, 정작 내가 관심이 없는 부분을 장황하게 답변하기도 한다. 이럴 때는 자세하게 목차를 정해주면 깔끔하게 구조화된 방식으로 AI의 답변을 받을 수 있고, 답변 범위도 보다 정확하게 지정해줄 수 있어 매우 유용하다.

AI를 통한 리서치 업무는 인터넷에 있는 웹문서를 기반으로 하기 때문에 인터넷 상에 충분한 정보가 있는 주제에 대해 조사할 때 가장 적합하다. 여기에는 잘 알려진 시장에 대한 분석, 국가 단위 통계 자료, 뉴스나 미디어를 통해 전파되는 새로운 소식 등이 포함된다. 대신 특정 기업의 기밀 정보나 공시 되지 않은 재무 실적 등을 리서치하는 데는 분명히 한계가 존재한다.

또 AI를 통해 리서치를 할 때는 사실 관계에 대해 더블체크를 꼭 해보는 것을 권장한다. AI는 간혹 사실이 아닌 것을 사실처럼 말하는 경우도 있기 때문에, AI가 보여준 리서치 결과를 그대로 사용하면 잘못된 정보를 전달하는 문제가 생길 수도 있다. AI 기술이 발전하면서 이러한 문제도 빠르게 개선되고는 있지만, 그래도 AI 리서치 결과를 활용할 때는 꼭 사실 관계를 확인한 뒤 보고서에 사용하자.

목차, 정리, 카피라이팅, PPT 작성 과정에 사용하기

보고서 목차에 대한 윤곽을 잡기 위해서도 챗GPT를 활용할 수 있다. 예를 들어 신사업 검토와 관련된 보고서를 요청받았다고 생각해보자. 신사업 검토에는 잠재 시장 규모, 경쟁, 진입 전략, 예상 매출, 필요 투자 비용 등 고려해야 할 것이 무척 많다. 도대체 어디서부터 어떻게 시작해야 할까? 이럴 때는 AI에게 간단한 질문을 던져 방향을 잡을 수 있다.

신사업 검토 시 어떤 점을 확인하면 좋을까?

배경과 목적을 자세히 설명하고 요구 사항을 함께 제시하면 그만큼 정교한 답변을 받을 확률이 높아진다.

> 우리 회사는 화장품, 특히 스킨케어에 강점을 가지고 있는 매출 200억 원 정도 되는 회사야. 아직은 한국에서만 판매를 하고 있는데 미국 시장에 진출해보려고 해. 이와 관련해서 '미국 시장 진출을 위한 마케팅 전략 보고서'를 쓰려고 하는데 목차를 어떻게 잡으면 좋을까?

사업 현황과 현재 고민 사항에 대해 자세하게 정보를 제공하면 서론부터 회사 개요, 미국 시장 분석, SWOT 분석, 소비자 행동 및 트렌드 분석 등을 담아 구체적인 목차를 받을 수 있다. AI를 통해 대략적인 보고서 목차의 초안을 받으면 이 보고서를 어떤 방향으로 작업하면 좋은지, 어떤 부분들을 중점적으로 체크하고 조사해야 하는지 등에 대한 감을 잡기가 한결 수월해진다. 다만 이 답변은 어디까지나 AI의 의견일 뿐이므로, 필요한 것만 선택해 최종 의사결정을 내리는 것이 우리의 역할임을 잊지 말자.

꼬리에 꼬리를 물면서 생각을 계속 발전시켜나가는 것도 좋다. 예를 들어 AI가 제안한 내용 중 특별히 궁금한 항목이 있다면 질문을 이어가며 목차를 구체화할 수 있다.

'소비자 행동 및 트렌드 분석'에는 구체적으로 어떤 내용이 들어가면 좋을까?

긴 줄글을 요약·정리할 때도 AI를 활용할 수 있다. 앞서 리서치 결과 등을 통해서도 확인했듯이 AI는 구조화된 문서를 쓰는 데는 달인이다. 글의 핵심적인 내용을 찾아 이를 구조화된 방식으로 축약하는 작업을 굉장히 빠른 속도로 능숙하게 수행한다. 때로 너무 함축적으로 요약해서 중요한 내용 중 일부를 빼먹는 경우도 있는데, 이럴 때는 원하는 기준을 제시하면 좀 더 괜찮은 결과물을 얻을 수 있다.

○○를 포함해서 좀 더 길게 요약해줘.

기획이나 마케팅 업무에서 이름을 짓거나, 특정 슬로건 등을 만들어야 할 때가 있다. 네이밍, 카피라이팅에 감이 좋은 사람이 아니라면 스트레스를 받는 일이기도 하다. 이때도 AI를 이용하면 좋다. AI가 마음에 쏙 드는 매력적인 카피를 바로 제시하긴 어렵지만, 이런저런 아이디어를 많이 얻을 수 있어 일이 훨씬 수월해진다. 이때도 원하는 기준과 조건을 담아 구체적으로 질문하면 제법 괜찮은 아이디어를 얻을 수 있다.

> 최신 ○○ 트렌드와 관련된 보고서를 쓰려고 하는데 제목을 뭐라고 하면 좋을까?

또한 마이크로소프트에서 출시한 AI 보조 시스템인 코파일럿을 사용하면 AI가 자동으로 워드, 파워포인트로 보고서 초안을 만들어준다. 더 나아가 발표 스크립트를 작성하고, 애니메이션을 중간중간 알아서 삽입하기도 한다. 이렇듯 AI는 활용하기에 따라 보고서 작업 전반에 걸쳐 우리에게 큰 도움을 줄 수 있다.

엑셀, 데이터 분석 등 무궁무진한 AI 활용법

AI는 프로그래밍, 코딩에도 굉장히 능숙하다. 보고서를 작성하다 보면 엑셀 작업을 해야 하는 경우가 있는데, 함수나 수식에 익숙하지 않은 사람들은 많은 어려움을 느낀다. 예전에는 엑셀 함수를 하나하나 공부하고, 원하는 결과를 얻기 위해 어떤 함수를 어떻게 조합해야 하는지를 마치 프로그래밍하듯이 다 계산하고 생각해내야 했다. 하지만 이제 이런 작업은 AI가 훨씬 더 빠르고 쉽게 해결해준다. 다음의 예를 살펴보자.

A열에 있는 데이터 중 3번, 6번, 9번에 있는 데이터만 추출해서 B열에 입력하는 엑셀 수식을 짜줄 수

있어?

→ B1 셀에 '=INDEX(A:A, (ROW()*3)'라는 수식을 입력하고 아래로 복사하면 A열의 첫 번째 항목부터 시작해 3의 배수 번째 데이터를 가져옵니다.

AI가 정확한 정답을 알려주는 데는 단 5초도 걸리지 않는다. '어떤 함수를 써야 하지?'부터 시작해 '이 함수들을 어떻게 조합해야 하지?' 등 정답을 찾기까지의 고생을 AI를 이용해 간단하게 해결할 수 있다.

AI만 있으면 나도 데이터 전문가

AI는 데이터 분석에도 아주 능하다. 데이터 분석을 할 때 챗GPT는 '파이썬'이라는 프로그래밍 언어를 사용한다. 파이썬 코드를 스스로 작성하고 실행시킨 뒤 그 결과를 제시하는 것이다. 심지어 분석된 결과를 차트나 도표로 알아서 정리한 다음, 그에 대한 분석 결과도 글로 정리해서 알려준다. 만약 챗GPT가 없었다면 우리가 직접 파이썬을 배우고, 관련 프로그램들을 설치하고, 코드를 설계해서 입력한 뒤 결과물은 잘 나오는지, 오류는 없는지 등을 일일이 살펴봐야 했을 것이다.

챗GPT 유료 버전에서는 파일을 직접 업로드해서 작업을 요청하는 것도 가능하다. 분석이 필요한 데이터를 엑셀로 잘 정리한 뒤 업로드하면 해당 데이터를 내가 원하는 방식으로 분석해달라고 요청할 수 있다. 그리고 데이터에 대한 간단한 해석을 넘어 정리가 안 된 데이터를 분석 가능한 깔끔한 데이터로 변환하는 것도 가능하다.

답변 내용을 토대로 꼬리에 꼬리를 물듯 질문하며 구체적인 인사이트를 얻을 수 있고, 특정 분석 결과를 차트로 시각화할 수도 있다.

아예 재무제표를 AI에게 제공하고 분석을 요청할 수도 있다. 예를 들어 어느 기업의 지난 3년간 실적이나 성장률은 어떠하며 어떤 부분에서 잘하고 있고, 어떤 부분에 대해서는 개선이 필요한지를 물어보는 것이다. 그러면 AI는 단순히 특정 수치가 늘고 있는지, 줄고 있는지 같은 단순한 해석에 그치지 않고, 각 재무제표 항목별 추이가 가지는 사업적 시사점에 대해서 제법 구체적으로 서술해줄 것이다. 결과가 발생한 이유를 합리적으로 추측해서 제안해주기도 하고, 문제가 있는 부분을 먼저 짚어주는 등 다각도에서 유용한 분석을 제공한다.

데이터 분석을 넘어 미래 재무 실적 추정 같이 난이도가 높은 영역에서도 AI를 활용할 수 있다. AI에게 과거 재무 데이터를 제공하면 이를 기반으로 향후 매출, 비용, 영업이익이 어떻게 될지를 논리적 근거를 들어 스스로 추정해내는 것이다.

AI가 숫자로 정리된 데이터만 분석하는 것은 아니다. 패턴이 정해져 있지 않은 비정형 데이터나, 숫자가 아닌 정성적 데이터도 해석할 수 있다. 예를 들어 특정 제품이나 상품, 서비스에 대한 리뷰를 제공하고 이를 유형별로 분석한 뒤 인사이트를 도출해달라고 요청할 수 있다. 리뷰는 패턴이라는 것이 명확하게 드러나지 않는 정성적 데이터다. 사람마다 말투도 다르고 리뷰의 내용도 상이하다. 그럼에도 AI는 나열된 리뷰를 긍정적인 것과 부정적인 것으로 구분할 수 있다. 또한 리뷰의 내용을 제대로 이해하고 고객 만족도를 개선하기 위해 어떻게 해야 하는지도 제안한다. 그동안 사람만 할 수 있었던 비정형·정성적 데이터 분석에서도 AI가 꽤나 능숙한 모습을 보여주고 있다.

데이터를 잘 시각화해서 보여주어야 할 때도 AI를 활용할 수 있다. 예를 들어 특정 데이터를 제시한 뒤 원하는 모양의 차트를 그려달라고 할 수도 있고, 어떤 차트가 적절한지 잘 모르겠다면 최적의 차트를 추천해서 그려달라고 할 수도 있다.

AI를 통한 데이터 분석은 이미 그 수준이 상당히 높이 올라온 상황이다. 계산기가 사칙연산을 더 빠르게 해주었고, 엑셀이 데이터 정리를 더 효율적으로 만들어주었다면, AI는 이를 뛰어넘어 데이터를 주도적으로 분석한 뒤 나름의 인사이트까지 뽑아낼 수 있게 되었다. 직장에서 보고서 작업을 하면서 다양한 수치를 다루거나, 복잡한 데이터 분석을 하거나, 데이터 시각화를 할 때 꼭 AI를 활용해보기 바란다.

이미지 그리기, 번역 등 전문 작업도 손쉽게

AI를 통해 이미지 생성이 가능하다는 사실이 처음 알려졌을 때 사람들의 반응은 그야말로 '충격과 공포'였다. 최근에는 기술이 빠르게 발전하면서 AI가 단순 이미지 생성을 넘어서 실사와 구분이 불가능할 정도의 동영상까지 만들어주는 상황이다.

AI를 통한 이미지 생성 기능이 보편화되면서 이를 보고서 작업에 손쉽게 활용할 수 있게 되었다. 기존 이미지를 원하는 방식으로 편집하는 것부터, 필요한 이미지를 새로 생성하는 것도 가능하다. 이미지를 생성할 때는 원하는 이미지를 글로 잘 묘사하기만 하면 된다. 정교한 이미지 생성 작업을 위해서는 전문적인 프롬프트 역량이 필요하지만, 간단한 이미지 정도는 누구나 쉽게 생성할 수 있다.

챗GPT 유료 버전을 이용하면 달리(DALLE)라는 이미지 생성 기능도 이용할 수 있다. 이미지 생성 도구 중에서 가장 간단하고 사용성이 좋기 때문에 비전문가도 손쉽게 사용할 수 있다. 달리의 경우에는 이미지를 생성하면 그 이미지와 관련된 이야기나 카피라이팅도 챗GPT가 자동으로 해준다. 일러스트 스타일도 사용자가 원하는 대로 바꿀 수 있다.

AI 생성 이미지를 보고서에는 어떻게 활용할 수 있을까? 예를 들어 PPT 보고서 표지로 활용할 수 있다. AI에게 해당 PPT 보고서가 어떤 기업의 어떤 자료인지를 설명한 뒤 그에 맞는 적절한 이미지 생성을 요청하면 된다. "화장품 회사의 기업 소개서 표지에 들어갈 배경 이미지를 만들어줘"라고 요청하면 화장품들이 진열되어 있는 배경 이미지를 자동으로 생성해준다. 이 이미지를 PPT로 가져와서 약간만 손을 봐주면 멋진 표지를 만들 수 있다.

챗GPT 유료 버전을 이용하는 것이 비용적으로 부담스럽다면 무료로 이미지를 생성해주는 다른 AI 서비스를 활용해보는 것도 방법이다. 대표적으로 드림.ai(Dream.ai)가 있는데 회원 가입만 하면 누구나 이미지 생성 기능을 이용해볼 수 있다. 전체 기능을 사용하려면 마찬가지로 유료 버전을 이용해야 하지만 무료 버전으로도 간단한 이미지를 낱장으로 만드는 것은 가능하다.

번역의 한 끗을 바꾸는 AI 사용법

외국어로 문서를 만들거나, 번역이 필요할 때도 AI를 활용할 수 있다. AI를 이용하면 간단한 요청으로도 품질 좋은 번역본을 바로 받아볼 수 있다. 번역뿐만 아니라 교정이나 문법 체크를 할 때도 유용하다. 영어 문장을 입력하고 "이 문장이 문법적으로 오류가 없니?" 혹은 "더 나은 표현이 있을까?" 같이 물어보면 AI가 그에 맞는 대답을 해준다. AI의 번역이 때로는 완벽하지 않거나, 오류가 있을 수도 있다. 하지만 아무 것도 없는 상태에서 시작하는 것보다는, AI를 통해 초벌 작업을 한 다음 이를 수정·보완하는 방식이 훨씬 빠르다.

개인적으로 보고서 작업 시 가장 요긴하게 활용하는 기능 중 하나가 바로 번역이다. 일을 하다 보면 영어로 보고서나 기획서를 작성해야 할 때가 있다. 아무리 영어 공부를 많이 한다고 하더라도 외국에서 충분한 경험을 쌓지 않은 사람이 전문적인 비즈니스 문서를 외국어로 완성도 있게 제작하는 데는 한계가 있다. 하지만 AI를 통해 도움을 받으면 영어 실력이 완벽하지 않거나 해외 경험이 없는 사람이라도 일정 수준 이상의 영어 자료를 만드는 것이 가능하다.

이미지 제작, 번역 같은 업무는 본래 디자이너, 번역가 등 전문가의 도움을 받지 않으면 할 수 없는 일이었다. 그런데 AI 기술이 발전하고 보편화되면서 누구나 간단한 수준의 작업은 혼자서도 해낼 수 있게 되었다. 앞으로는 AI를 잘 활용하는 사람이 그렇지 않은 사람보다 훨씬 품질 좋은 보고서와 높은 성과를 만들어낼 것이다. 아래 표를 참고하여 다양한 AI를 업무에 활용해보자.

챗GPT(ChatGPT)	텍스트 기반 콘텐츠 생성, 질문 답변, 코딩 지원 등. 유료 버전은 이미지 생성 가능
제미나이(Gemini)	질문 답변, 이미지 생성, 언어 번역 등. 챗GPT와 함께 활용하면 좋음
퍼플렉시티(Perplexity)	딥러닝을 활용해 사용자 질문에 답변하는 대화형 검색 엔진
딥엘(DeepL)	다양한 언어로 정확한 번역을 제공. AI 글쓰기 지원
캔바(Canva)	AI 그래픽 디자인 도구. 전문적인 비주얼, 프레젠테이션, 소셜미디어 콘텐츠 제작 가능
재스퍼(Jasper)	AI 마케팅 어시스턴트. 각종 유형의 마케팅 콘텐츠 제작
마이크로소프트 코파일럿 (Microsoft Copilot)	문서 생성, 편집, 협업. PPT, 엑셀, 워드 등 적용 예정
감마(Gammas)	간단한 프롬프트로 쉽게 PPT 제작 가능
드림 바이 웜보 (Dream by WOMBO)	텍스트 프롬프트를 입력해 다양한 스타일의 이미지 생성

업무에 AI를 활용할 때
생각해볼 문제들

AI는 보고서 작업 전반에 걸쳐 다양한 방식으로 도움을 줄 수 있다. 특히 챗GPT의 경우 기본 기능 외에 활용도를 높여주는 여러 부가 기능이 있다. 커스텀 챗봇을 활용하면 프로그래밍 지식 없이도 특정 주제에 특화된 챗봇을 만들거나, 자신의 데이터에 맞춰 특별하게 학습된 '나만의 챗봇'을 만들 수도 있다.

또한 챗GPT 플러그인을 통해 PPT 제작, 문서 자동 생성, 내용 요약 등 보다 다양하게 AI를 이용할 수 있다. 챗GPT 플러그인은 플러그인 스토어에서 찾아볼 수 있다.

AI가 사람을 대체할 수 있을까?

AI를 이용해서 보고서 작업을 할 때 유의할 점이 하나 있다. AI로부터 일부 도움을 받을 수는 있어도 결국 최종 메시지는 자신이 직접 뽑고 가다듬어야 한다는 사실이다.

보고서는 메시지로 시작해서 메시지로 끝나는 작업이라고 했다. 좋은 메시지를 뽑기 위해서는 최상위 목표를 이해하는 것을 시작으로 주변 상황, 이해관계자의 요구·성향 등 다양한 요소를 고려하고 반영해야 한다.

하지만 AI는 우리 산업, 우리 회사, 우리 부서, 우리 상사의 모든 복잡한 사정과 세부 사항, 성격, 데이터를 다 알지 못한다. 메시지가 한 끗만 달라져도 결과가 크게 달라질 수 있는데, 모든 일을 AI에게 맡기고 의존하는 것은 현실적으로 불가능하다. 따라서 AI를 통해 본인의 생산성과 작업 속도를 끌어올리는 것은 필요하나, 모든 것을 AI에만 의지해서는 절대 안 된다는 점을 꼭 명심하자.

더불어 AI가 우리의 업무에 던지는 시사점이 무엇인지도 고민해볼 필요가 있다. 과거에는 사람이 워드, 엑셀, PPT 작업을 직접 해야 했지만 이제 그런 일은 점차 AI가 대체하기 시작했다. 특히 단순 작업에 가까울수록 더 빠르게 AI가 대신 할 확률이 높다. 그동안 사원이나 대리급에서 하던 이런 업무들을 AI가 더 빠르게,

더 효율적으로 해낸다면 앞으로 우리의 역할을 어떻게 정의해야 하는 것일까?

옛날에는 엑셀 함수를 잘 짜고, PPT를 빠르게 그리는 사람이 일 잘하는 사람이었다. 하지만 이제는 아니다. 단순 문서 작업, 엑셀 작업으로 AI를 이기려고 하는 것은 현명한 방법이 아니다. 대신 우리는 보다 고차원적인 고민을 하는 역할로 자신을 재정의하고 발전시켜나갈 필요가 있다.

앞으로는 단순 반복 작업보다 우리가 직면한 사업적 문제를 풀기 위해 무엇을 고민하고, 어떤 리소스를 활용해서 어떤 우선순위로 일을 처리해나갈지, 이를 주변 관계자들과 어떤 식으로 협업할지와 같은 좀 더 고도화된 업무를 수행할 수 있는 사람만이 일 잘하는 사람으로 인정받게 될 것이다. 따라서, 기술의 발전에 따라 빠르게 변화하는 세상에서 나는 어떤 인재로 자리잡고 생존해나갈 것인지를 꼭 한 번 생각해보기 바란다.

CHAPTER 6

상위 1% 일잘러를 위한
Q&A: 이럴 땐, 이렇게!

부정적인 소식을 보고해야 할 때

Q | 저는 매주, 매달, 매 분기, 매년 매출 보고를 하는데요. 월 단위 이상부터는 매출이 목표량에 미달했을 경우 원인 분석 및 대책에 대한 보고서를 작성해야 해요. 솔직히 목표가 너무 높아서 매번 변명하는 게 일입니다. 부정적인 소식을 보고해야 하는 경우, 어떻게 하면 좋을까요?

우리가 항상 좋은 실적, 긍정적인 내용만 보고할 수 있다면 더할나위 없겠지만 아쉽게도 현실은 꼭 그렇게만 흘러가지 않는다. 때로는 목표 대비 부족한 실적, 부정적인 실행 결과 등 좋지 않은 소식을 전달해야 하는 경우도 있다. 이럴 때는 어떻게 보고하는 게 현명할까?

우선, 내가 정확히 어떤 상황에 놓여 있는지를 잘 판단해야 한다. 목표 대비 실적이 낮은 이유는 아주 다양하기 때문이다. 어떤 상황에서, 어느 정도 기간 동안, 무슨 이유로 이러한 현상이 일어나느냐에 따라 적절한 대응 방식이 달라질 수 있다. 우리가 처한 상황을 객관적으로 해석하고, 적절한 대처 방안을 찾기 위해 아래 기준을 참고해보자.

반복성	목표를 어쩌다 한두 번 미달했는가? vs. 오랜 기간 계속해서 미달한 상황인가?
특수성	나를 포함한 일부만 목표에 미달했는가? vs. 조직 전체 또는 다수가 목표에 미달했는가?
불가피성	충분히 대응 가능하거나 일시적인 상황인가? vs. 어쩔 수 없는 거시적, 장기적 변화인가?

먼저 나 또는 우리 조직의 실적 부진이 최근 한두 번 발생한 일인지, 아니면 오랫동안 꾸준히 발생하는 일인지 파악할 필요가 있다. 실적 부진이 장기간 지속되고 있다면, 애초에 목표를 잘못 설정했기 때문인지 아니면 목표는 합리적인데 우리 조직이 무언가 잘못하고 있기 때문인지를 판단해야 한다.

이때 두 번째 기준이 도움이 될 수 있다. 회사가 현실성 없이 너무 과도한 목표를 설정한 경우라면 아마 나뿐만 아니라 조직 전체 또는 대다수의 사람들이 목표를 미달하고 있을 확률이 높다. 이런 경우에는 단순히 내 역량, 내 퍼포먼스를 탓하기보다는 회사가 목표를 잡는 기준이나 방식을 현실적으로 수정할 필요가 있다. 하지만 만약 다른 조직, 혹은 같은 조직의 다른 사람들은 목표를 잘 달성하고 있는데 나를 포함한 일부만 목표에 미치지 못하는 상황이라면 어떨까? 이런 경우라면 내가 맡은 일 또는 내가 일하는 방식에 개선의 여지가 있을 가능성이 높다.

특히 후자의 경우라면 단순히 '이번 성과 평가만 어찌저찌 넘겨보자' 정도의 마음가짐으로는 상황이 반전되지 않을 확률이 높다. 내가 맡은 일이 남들과는 다르게 특별히 어려운 일이라면 그에 맞게 목표를 수정해야 할 것이고, 혹은 내가 일을 하는 방식에 부족함이 있다면 이를 개선해야 근본적인 해결이 가능하기 때문이다.

예로 방문 판매의 사례를 생각해보자. A라는 내 동료는 5만 명의 인구가 밀집해서 살고 있는 도시를 맡고 있다. 내가 맡은 지역은 인구는 똑같이 5만 명이지만 흩어져 살고 있어 한 집을 찍고 다른 집으로 이동할 때 동료 대비 2배의 시간이 소요된다. 이 경우 맡은 지역의 인구가 동일하다고 해도, 내가 A와 동일한 수준의 매출을 만들어내는 것이 과연 가능할까? 현실적으로 굉장히 어려울 것이다. 이럴 때는 내 상황의 특수성을 논리적으로 잘 설명해서 나에게 부과된 목표를 현실적으로 조정하는 작업을 먼저 해야 한다.

　내가 중요한 것을 놓치고 있어서, 혹은 내가 일하는 방식에 부족함이 있어서 주변 동료 대비 좋은 성과를 내지 못하는 경우도 있다. 주변 동료들은 상당수 목표를 달성하고 있고, 내가 맡은 일이나 과제가 다른 동료 대비 특별히 더 어렵지 않다면 내가 일하는 방식, 나의 역량에 개선이 필요하다고 보는 것이 더 적절할 것이다. 이럴 때는 내가 무엇을 잘못하고 있는지, 내가 어떤 부분을 개선해야 하는지에 집중해서 문제를 헤쳐나가는 지혜가 필요하다. 혼자 답을 찾기가 어렵다면 주변의 도움을 적극적으로 구해보는 것도 좋다(레버리지). 상사에게 피드백을 받아도 좋고, 성과를 잘 내는 다른 동료의 일하는 방식을 관찰하거나 업무 노하우를 전수받는 것도 좋다.

　세 번째 기준은 불가피성이다. 경우에 따라 글로벌 경기 침체, 코로나 19, 인구 구조 변화 등 불가피한 외부적 변수로 인해 영향을 받을 때도 있다. 앞선 방문 판매의 예를 다시 들어보자. A라는 동료가 맡고 있는 지역은 새로운 공단이 들어서면서 인구도 점점 늘고, 거주자들의 소득 수준이나 지출 규모도 점점 늘어나고 있다. 그렇다면 A의 방문 판매 실적은 자연스럽게 함께 증가할 확률이 높다. 반대로 내가 맡고 있는 지역은 인구가 점점 줄고 있고, 소비력이 있는 사람이 더 나은 직장을 찾아 다른 곳으로 이사를 가는 상황이라면 같은 노력을 하더라도 내 실적은 점점 줄어들 가능성이 높지 않을까? 전체적인 시장 변화, 내가 어떻게 할 수 없는 요인이 내게 영향을 미치고 있다면 외부 변화에 맞게 합리적으로 목표를 조정할 필요가 있다.

그렇다고 해서 모든 실적 부진을 전부 다 시장 상황이나 외부 요인의 탓으로 돌리라는 의미는 물론 아니다. 외적인 요소의 변화라고 하더라도 충분히 대응할 방법이 있다면 지체 없이 조치를 취해야 할 것이다.

또한 외부적인 문제가 일시적인 것인지, 장기적인 것인지를 판단하는 것도 중요하다. 만약 내 실적 부진이 일시적으로 특정 외부 이벤트 때문에 발생한 것이라면 이에 대해 회사나 상사에게 잘 설명하고 잠시 기다려달라고 해볼 수도 있다. 예를 들어 여름 장사를 하는 사업인데, 이번 장마가 유독 길어져서 예상치 못하게 판매량이 떨어졌다고 해보자. 이런 상황이라면 실적 부진을 올해만의 일시적인 현상으로 설명하고 넘어갈 수도 있을 것이다. 하지만 인구 감소, 트렌드의 변화 같은 것은 단순히 잠깐 반짝하고 말 일이 아니다. 이렇게 지속적이고 영구적으로 영향을 미칠 수 있는 변화에 대해서는 회사와 상황을 빠르게 공유하고 해법을 찾는 노력이 필요하다.

　팁을 하나 더 말하자면, 실적이 부진할 때는 정해진 실적 보고 시점 전에 선제 대응을 하는 것도 방법이다. 현재 어떤 문제가 있고, 어떤 어려움을 겪고 있는지 먼저 솔직하게 이야기하고 발 빠르게 도움을 구하는 것이다. 상사나 회사 입장에서는 문제 상황을 적시에 인지할 수 있어서 좋고, 또한 추후 부정적인 실행 결과를 보고 받게 되어도 상대적으로 덜 갑작스럽게 느껴진다. 또한 그 문제에 대해 해결 방안을 함께 고민하고, 담당 직원에게 피드백이나 대응 방향을 전달할 시간 여유도 생기게 된다. 불이 나고 집이 다 타버린 다음에 불 났다고 말하는 것보다, 불길이 올라올 때 미리 상황을 알리고 도움을 구하는 것이 더 나은 것과 같은 이치다.

불가능한 일정을 요청받는 경우

Q | 상사로부터 보고서 작성 업무를 받았습니다. 내일까지 조사해서 보고하라는데, 시간이 절대 안 될 것 같아요. 뭐라고 말해야 할까요? 제가 무능하다고 생각하면 어쩌죠?

적지 않은 업무를 갑자기 빠듯한 시간 내에 처리해야 하는 경우가 종종 생긴다. 내일까지는 도저히 무리라고 생각하지만 안된다고 말하기도 어렵다. 그러다가 만약 내일까지 다 못 끝낸다면? 보고서를 쓸 때는 시킨 일을 빠르게 잘 해내는 것도 중요하지만, 상황에 적절히 대처하는 요령도 반드시 필요하다. 이러한 상황을 마주했다면 다음 순서에 따라 대응해보자.

① 주어진 시간 내에 어디까지 할 수 있을지를 가늠하고 작업 계획 정리

② 계획에 대해 상사와 빠르게 사전 논의 후, 주어진 시간 내에 최대한 작업 진행

③ 작업 내용 정리 후 '제언' 또는 '추가 확인·작업 필요 사항' 등 명시

④ 작업 결과 공유 후 이후 단계 논의

가장 중요한 것은 업무 범위 협의이다. 시간이 워낙 빠듯하기 때문에, 가장 먼저 해야 할 일은 이 시간 내에 현실적으로 해낼 수 있는 일이 어디까지인지 가늠하는 것이다. 이때는 상사가 시킨 업무의 총량을 먼저 확인하고, 그중에서 어느 정도를 내일까지 할 수 있을지 판단하는 순서로 진행하면 좋다. 그리고 상사에게 말해보자.

"말씀하신 내용 이해했습니다. 다만 시간이 많지 않아서 내일까지는 가장 중요한 ○○, □□를 먼저 조사하고 그 이후에 나머지 △△, ×× 등에 대해 추가 조사를 할까 하는데 괜찮을까요?"

중요한 것은 내일까지 진행할 가장 우선적인 업무가 무엇인지를 골라내는 능력이다. 만약 어렵다면 상사에게 가장 중요한 내용, 가장 궁금한 내용이 무엇인지를 물어보고 시작하는 것도 방법이다.

또한 해당 업무를 수행하는 데 필요한 시간을 잘 계산하는 것도 중요하다. 업무를 하다 보면 예상치 못한 일이 치고 들어오는 경우도 있고, 생각보다 시간이 더 소요되는 경우도 많기 때문이다. 따라서 예상 소요 시간을 산정할 때는 내가 예상한 시간에 1.5~2배 정도를 곱해서 계산하면 안전하다. 이러한 부분까지 감안하여 상사에게 제안할 업무 범위를 잘 조정해야 한다.

만약 업무 범위가 잘 협의되었다면 빠르게 작업을 시작할 차례다. 이때는 상사와 합의된 범위의 조사를 빠르게 진행해서 다음 날 전달하는 데만 집중하면 된다. 다만 내일까지 전달하는 내용은 어디까지나 전체 범위 중 가장 중요한 일부일 뿐, 전체는 아니기 때문에 문서에 '제언' 또는 '추가 확인·작업 필요 사항' 같이 어떠한 조사나 작업이 추가로 필요한지를 함께 명시해서 가져가는 것이 좋다. 이렇게 하면 '혹시 이게 전부인가?'라는 상사의 불필요한 걱정을 사전에 방지할 수 있다. 또한 작업 결과를 전달할 때는 주어진 제한 시간 내에 최선을 다했음을 잘 설명하고, 적어도 전날 협의된 범위에 대해서는 최선을 다해서 조사했음을 어필할 필요가 있다.

하루 동안의 작업 결과를 잘 공유했다면 그 다음에는 남은 조사 계획에 대해 마저 합의하자. 어떤 부분을 더 조사해야 하는지, 언제까지 완료되기를 원하는지 같은 점을 상사와 다시 한번 협의하는 것이다. 이 4단계를 잘 마쳤다면 결과적으로 추가적인 작업 기간을 확보하는 것과 같은 효과를 얻게 된다. "내일까지 조사해 주세요"가 "내일은 ○○까지 보고하고, 그 다음 □□는 다음 주까지 보고해주세요"가 되기 때문이다.

간혹 작업을 하다 보면 여러 가지 불가피한 이유로 예상보다 진척이 더딘 경우가 있다. 이때는 너무 늦지 않게 미리 상사에게 알려야 한다. 현재 상황을 이유, 대안과 함께 잘 설명해주는 것이 중요하다. "생각보다 확인할 게 많아서요"라고 하기보다는 다음과 같이 소통하도록 하자.

> "○○, □□ 같은 부분들을 중점적으로 조사하고 있
> 는데 보니까 △△, ××도 함께 살펴봐야 할 것 같습
> 니다. 이런 부분들까지 다 확인하려면 아무래도 1~2
> 일은 더 필요할 것 같은데 괜찮을까요? 만약 그럼에
> 도 내일 보고가 필요하다고 생각되시면 일단 내일까
> 지 조사 가능한 부분을 먼저 공유하겠습니다."

구체적으로 상황을 설명하고 대안을 제시하면 상사 입장에서도 언제까지 어느 정도의 결과물을 받을 수 있을지 가늠할 수 있으며, 상황을 보다 합리적으로 받아들일 수 있게 된다.

중요한 것은 '미리', '구체적으로' 커뮤니케이션하는 것이다. 마감 기한이 다 지난 뒤에 이야기하면 늦다. 늦어지는 이유를 미리 명확하게 이야기하지 않으면 상사 입장에서는 상황을 제대로 이해하지 못할 것이며, 보고자를 일 못하는 사람, 책임감이 부족한 사람으로 오해할 수 있다.

늘 자리를 비우거나
피드백이 늦는 상사

Q | 보고 절차를 지켜야 하는데 상사가 맨날 자리를 비우거나 피드백을 늦게 줍니다. 솔직히 보고서 작성 자체보다 상사와 커뮤니케이션하는 스트레스가 더 큰데 어떻게 하면 좋죠?

원인이 무엇인지 먼저 파악해보자. 정확한 사정은 알 수 없으나, 상사가 피드백을 늦게 주는 이유에는 다음과 같은 것이 있다.

- 상사가 담당하고 있는 일이 너무 많음
- 업무 특성상 외근과 출장이 많음
- 내 보고서의 중요도가 높지 않음(우선순위가 떨어짐)
- 상사의 역량과 태도에 문제가 있음

일단 상사가 담당하고 있는 일이 너무 많거나, 혹은 업무 특성상 외근과 출장이 많은 직군일 수 있다. 상황에 따라서는 내가 만들고 있는 이 보고서의 중요도가 높지 않아 피드백이 늦을 수도 있다. 혹은 이런 합리적인 원인들을 다 차치하고 단순히 그 상사의 역량이나 태도에 문제가 있는 경우도 있다. 이유가 어찌됐건 해당 보고서 업무를 담당하고 있는 사람의 입장에서는 답답하고 억울한 마음이 들 것이다. 이럴 때 써먹을 수 있는 상황별 요령을 알아보자.

먼저, 상사가 너무 바쁘거나, 외근과 출장이 많아서 문제가 생기는 상황이다. 이때는 상사가 자리에 없어도 빠르게 답을 얻을 수 있는 채널과 방법이 무엇인지 파악하자. 사람의 성향에 따라 전화, 메일, 문자, 사내 커뮤니케이션 툴 등 소통 수단이 다르다. 이 중에서 상사가 가장 선호하고 가장 자주 확인하는 수단이 무엇인지 체크하고 이를 활용해보자.

바쁜 사람에게 긴 보고서를 원문 그대로 보내면 다 읽지 못할 확률이 높다. 이럴 때는 보고서 원문을 적절히 잘 요약해서 보내주면 좋다. 예를 들어 이메일로 소통하는 경우라면 보고서 파일을 첨부하되 본문에는 해당 보고서에 대한 요약을 간단하게 적어주는 것이다. 또한 상사가 반드시 꼭 체크하지 않으면 안 되는 사항을 강조해서 적어주면 더 좋다. 예를 들어 '○○일까지 제출해야 하는 예산안인데 제때 제출하지 못하면 예산 배정을 받지 못할 수도 있다고 합니다'라고 강조하면 상사가 해당 내용을 좀 더 관심을 가지고 주의 깊게 살펴보는 효과가 있다. 앞서 살펴본 선택지 전략을 사용해보는 것도 도움이 된다. '보고서 내용을 다 읽지는 않아도 이 3개 중에 하나는 꼭 선택해주세요'라고 말이다.

내 보고서의 우선순위가 떨어져서 생기는 문제라면? 어느 정도는 받아들여야만 할 수도 있다. 덜 급하고 덜 중요한 일이라면 시급하고 중요한 일 뒤로 미뤄지게 마련이다. 다만 해당 업무가 진짜로 덜 시급하고 덜 중요한지는 확인을 해보자. 사실은 무척 중요한데 상사가 이를 인지하지 못할 수도 있기 때문이다. 이때는 '○○한 이유로 빠른 확인이 반드시 필요하다' 또는 '○○한 이유로 최소 ○○일까지는 결재가 꼭 되어야만 한다' 같이 중요도나 시급성을 한 번 더 강조해주어야 한다.

그냥 단순히 상사의 역량이나 태도, 성실성의 문제일 수도 있다. 이럴 때는 조직의 분위기나 본인의 상황 등을 고려해서 각자의 처지에 맞는 적절한 방법을 찾아야만 할 것이다.

업무 협조를 잘 해주지 않는 관련 부서

Q | "내일까지 드릴게요, 모레까지 드릴게요, 다음 주에 드릴게요…."

타 부서가 바쁘다고 자꾸 일정을 미뤄서 중간에 낀 저만 계속 깨지는데 어떻게 하면 좋죠?

급하게 자료 조사를 하고 보고서를 써야 하는데 관련 부서가 제때 협조해주지 않는다면? 직장 생활을 하면서 자주 겪는 상황이다. 이런 일은 보통 나와 상대 부서와의 입장 차이에서 발생한다. 이럴 때는 다음과 같이 접근해보자.

일단은 상대방의 상황을 파악한다. 관련 부서가 서둘러 협조해주지 않는 이유는 보통 간단하다. 나한테는 이 보고서가 가장 중요한 업무인데, 관련 부서 입장에서는 아니기 때문이다. 그 부서에는 그 부서만의 최우선 순위 과제가 있을 것이고, 이를 처리하느라 바쁘다. 그래서 자료 요청을 재촉할 때는 그저 두 번, 세 번 반복 요청할 것이 아니라 상대방이 왜 늦어지는지를 먼저 파악하면 좋다.

예를 들어 상대 부서가 다음 주까지 마감해야 하는 특정 업무 때문에 팀 전체가 매일 야근을 하는 상황일 수도 있다. 이럴 때 무작정 자료 요청을 밀어붙이면 상대 부서의 반발심만 살 확률이 높기 때문에 조심해야 한다.

이 경우에는 차라리 하소연을 들어주는 것도 방법이다. 사람은 보통 자신에게 공감해주는 사람에게 좀 더 잘해주게 마련이다. "○○ 업무 때문에 요즘 죽겠네요" 같은 이야기를 10분 정도 들어주고 나면 상대방은 하소연을 들어준 것에 대한 고마운 마음, 요청한 자료를 그동안 보내주지 못한 미안한 마음이 함께 들 것이다. 이렇게 되면 내가 요청한 자료를 좀 더 빠르게 처리해서 보내줄 가능성이 높아진다.

상대방의 입장을 들어주면서 나의 상황을 적절히 잘 전달하는 것도 필요하다. 상대방도 사정이 있겠지만, 나도 내 사정이 있지 않은가. 이때는 해당 보고서 작업이 전사적으로 얼마나 중요한 일인지, 이때까지 끝나야 하는 이유는 무엇인지 등을 잘 설명해주는 것이 중요하다. 상대 부서는 무슨 보고서 작업을 위한 자료인지, 왜 이렇게 재촉하는지 전혀 이해를 못하고 있는 상황일 수도 있다. 이런 부분을 잘 설명해주면 상대 부서도 내 입장에 대해서 공감해줄 것이며, 좀 더 빠르게 협조해줄 것이다. 이러한 과정을 거치다 보면 양측의 입장을 고려해서 적절한 중간 지점을 찾는 것이 가능해진다.

이런 과정을 통해 실무자들끼리 합의를 하고 답을 찾으면 다행이지만 일이 잘 풀리지 않는 경우도 있다. 이럴 때는 '에스컬레이트'를 하는 것도 방법이다. 쉽게 말해 본인의 상사를 통해 상대 부서에 요청을 하는 것이다. 이렇게 좀 더 높은 직급, 상위 의사결정자 선에서 요청이 가면 직급이 낮은 사람들끼리 소통하는 것보다 좀 더 빠르게 문제가 해결되기도 한다. 다만 너무 사소한 것 하나하나까지 다 에스컬레이트를 하면 안 된다. 적어도 본인의 직급에서 할 수 있는 최선을 다하고, 그래도 너무 진척이 없을 때 비로소 상사의 도움을 구하자. 오만 가지 세세한 것을 다 상사에게 맡기면 제 역할을 못 하고 상사에게 의존하는 책임감 낮은 사람으로 보일 수 있다.

해당 부서의 도움을 받지 않고도 문제를 해결할 수 있는 대안을 찾아보는 것도 방법이다. 타 부서가 항상 바쁘다면 그들의 작업을 대신하거나 내게 필요한 작업을 완료할 수 있는 다른 방법을 모색해보는 것이다. 예를 들어 특정 자료가 필요한 상황이라면 회사에서 관리하고 있는 데이터베이스에 직접 접속해서 필요한 데이터를 찾아보거나, 그 자료를 가지고 있을 가능성이 있는 제3의 부서에 접촉하는 것이다. 단순 자료 요청을 넘어 타 부서에서 디자인, 마케팅, 개발 등 특정 업무에 대한 협조를 해줘야 하는 상황이라면 외부 업체의 도움을 받는 것도 고려해볼 수 있다.

지금까지 소개한 요령들을 잘 활용하면 그저 메일이나 전화로 "자료 좀 빨리 보내주세요"라고 말하고 무작정 기다리기만 하는 것보다는 좀 더 나은 결과를 얻을 수 있을 것이다.

트렌드를 모르는 상사를 설득하기 힘들다면?

Q │ 저는 제과 회사에서 마케터로 일하는데요. 새로 출시하는 제품을 요즘 유행하는 버추얼 아이돌과 콜라보레이션하고 싶어요. 섭외비는 비싸지만 충분히 고려할 만한데, 본부장 선에서 통과가 안 됩니다. 버추얼 아이돌이 뭔지 잘 모르시나 봐요. 요즘엔 서브컬처나 밈 문화를 마케팅에 잘 활용하는 것도 중요한데, 어떻게 설득하죠?

일을 하다 보면 상사의 생각이 나와 다른 경우도 많다. 내가 생각하기에는 너무 좋은 아이디어인데, 상사가 호응해주지 않으면 답답할 수 있다. 이런 상황에서 적절한 해결책을 찾기 위해서는, 이런 일이 어떤 경우에 왜 생기는지를 먼저 알아야 한다. 상사를 설득하기 어려운 이유에는 크게 3가지가 있다.

- 상사가 잘 모르는 분야라 불안해함
- 내가 생각치 못한 중요한 다른 변수가 있음
- 실제로는 좋은 아이디어가 아닐 수도 있음

　먼저 상사가 해당 트렌드에 대한 이해가 부족한 경우다. 특히 기존에는 하지 않았던 새로운 시도를 하거나, 최근에 막 떠오르는 트렌드를 접할 때 발생하기 쉽다. 상사, 팀장의 나이는 보통 팀원보다 적게는 5~10년, 많게는 그 이상 차이가 날 테니 이런 세대 차이가 생기는 것도 이해할 만하다.

　우리는 대부분 카카오톡을 쓰지만 요즘 10대들은 카카오톡 대신 인스타그램 DM을 쓴단다. 게다가 구글, 네이버 대신 인스타그램, 틱톡, 유튜브를 통해 검색하는 경우가 더 많다고 한다. 이렇게 생각해보면 세대에 따라 세상을 바라보는 관점이나 아이디어가 서로 다른 것이 정상이 아닐까?

　상사 입장에서는 본인이 잘 모르는 트렌드에 대해 확신을 가지고 의사결정을 내릴 수 없을 것이다. 이럴 때는 상사에게 최근 트렌드에 대해 설명하고, 이 아이디어가 왜 좋은지 충분히 설명하는 과정이 필요하다.

　충분히 설명을 했는데도 설득이 잘 되지 않을 수도 있다. 단순히 상사가 너무 보수적인 사람이라서 그렇다면 어쩔 수 없다. 아쉽겠지만 이럴 때는 적당히 훌훌 털고 넘어가는 것도 지혜다. 차라리 모두가 합의할 수 있는 또 다른 아이디어를 찾는 데 시간을 쏟는 것이 더 생산적이다. 하지만 반대로 내가 중요한 것을 놓치고 있는 경우도 있다. 예를 들어 위에 제시된 질문 사례에서 우리가 절대 쉽게 흘려넘기면 안 되는 정보가 하나 있다. 바로 '섭외비는 비싸지만'이라는 부분이다.

의사결정을 할 때는 항상 비용 대비 기대효과가 높은 것을 선택해야 한다. 새로운 시도를 할지라도 불확실한 것에 너무 큰 리스크를 질 수는 없다. 보통은 적당한 수준에서 테스트해보고 효과를 확인한 뒤 이를 점차 확대하는 것이 안전하다. 또한 비슷한 비용으로 비슷한 효과를 낼 수 있다면 당연히 확실하게 검증된 아이디어에 비용을 투자하고자 할 것이다. 특히 본부장 정도의 위치라면 이미 나뿐만 아니라 조직 내의 수많은 사람에게서 많은 아이디어를 받고 있을 확률이 높다. 다양한 대안을 놓고 그중에서 최선의 선택을 해야 하는 의사결정자 입장에서 생각해보는 것도 좋다.

예를 들어 우리 팀이 이번 분기에 쓸 수 있는 비용이 10억 원이라고 가정해보자. 이것을 그동안 안정적으로 잘 운영해왔던 A마케팅, B마케팅, C마케팅에 잘 분배해서 쓰면 최소 20~30억 원의 매출이 발생할 것으로 보인다. 그런데 갑자기 누가 D마케팅이라는 아이디어를 가지고 왔다. 이걸 하려면 10억 원이 필요하다고 하는데 잘 안 되면 쪽박이고 잘되어도 그 효과가 불명확하다. 그러면 기존의 A마케팅, B마케팅, C마케팅을 모두 포기하고 갑자기 D마케팅을 시도할 수 있을까? 아마 쉽지 않을 것이다. 즉 본부장 입장에서는 비싼데 효과는 검증되지 않은 버추얼 아이돌보다는, 차라리 다른 검증된 곳에 비용을 쓰는 것이 낫다고 생각했을 수도 있다. 또한 한 번도 시도해보지 않은 아이디어가 과연 실행으로 잘 옮겨질 수 있을지 불안하기도 했을 것이다. 이렇게 중간 관리자나 회사 입장에서는 의사결정을 내릴 때 특정 아이디어의 참신함과 유행 외에도 여러 가지 중요한 변수를 함께 검토하게 된다. 단순히 참신한 아이디어 하나만으로 모든 것을 판단할 수는 없다.

만약 내 아이디어에 설득력을 한 숟갈 더 추가하고 싶다면 다른 성공 사례들을 조사해서 이를 부각하는 것도 방법이다. 단순하게 "요즘 버추얼 아이돌이 유행이니까 합시다"라고 하는 것보다는 "A업체가 버추얼 아이돌을 통한 캠페인으로 ○○원 정도의 비용을 집행하여 ○○한 효과를 거두었습니다"라고 하는 것이 더 설득력 있다. 또한 내 아이디어가 다른 대안들과 비교해서 어떤 장단점이 있는지 비교해서 설명해주는 것도 좋다. 예를 들어 "버추얼 아이돌을 통한 마케팅은 기존 방식 보다 ○○한 부분은 약할 수 있으나, ○○한 부분에서는 비용 대비 2~3배 정도 더 높은 효율을 낼 수 있을 것으로 보입니다"처럼 기회비용 대비 효과를 명시하면 같은 제안도 더 가치 있게 느껴질 수 있다.

그리고 '혹시라도 예상대로 안 되는 경우에는 어떡하지?'라는 생각도 미리 해보는 것이 좋다. 특히나 비용이 많이 드는 아이디어라면 더욱 그렇다. 원래 모든 아이디어가 처음에는 다 잘될 것 같이 느껴진다. 하지만 실행에 옮겨보면 일이 생각대로 잘 진행되지 않는 경우도 많다. 새로운 시도를 할 때는 그것이 실패할 때의 타격도 미리 생각해야 한다. '피해가 충분히 회복 가능한 수준인가?' 같은 질문을 해보는 것이다. 또한 '처음 해보는 일인데 수월하게 진행이 될까?' 같은 부분들도 미리 고려해보면 도움이 된다. 좋은 결과를 만들기 위해서는 아이디어도 중요하지만 결국에는 실행이 잘 뒷받침이 되어야 한다. 따라서 실제로 우리 조직이 이 아이디어를 잘 수행할 수 있는 상황인지를 생각해보고, 또 그에 맞춘 계획을 잘 정리해서 제안하면 더 설득력이 있는 제안서가 된다.

의사결정에는 생각보다 고려해야 할 요소가 많다. 그래서 일을 할 때 폭넓은 관점을 가지고 상황을 바라보면 여러모로 도움이 된다. 서로의 상황을 좀 더 정확하게 이해할 수 있고, 이에 맞춰 더 현실적이고 좋은 제안을 할 수 있기 때문이다.

노력하는 만큼 달라지는 보고서 쓰기의 세계

지금까지 우리는 성공적인 보고서를 만들기 위해 필요한 노하우를 배워보았다. 최상위 목표, 동기화, 레버리지를 통해 보고서의 맥을 잡는 것을 시작으로 좋은 메시지를 뽑아내기 위해 필요한 각종 리서치, 분석, 논리적 사고 요령에 대해서도 살펴보았다. 또한 내 메시지를 자취생 밥상이 아닌 미슐랭 3스타 요리처럼 보이게 할 수 있는 보고서 작성 스킬에 대해서도 배웠고, 이를 최종적으로 잘 전달할 수 있는 프레젠테이션 요령도 알게 되었다. 최근 뜨겁게 떠오르고 있는 AI를 보고서 작업에 어떻게 활용할 수 있는지, 보고서를 만들면서 겪는 난처한 상황에 대한 대처법도 알아보았다.

보고서란 이렇게 다양한 요령과 기술을 요구하는 종합 예술과도 같은 작업이다. 꼭 단 하나의 정답이 있는 것도 아니다. 각자가 처한 상황에 따라 만들어야 하는 문서의 양식, 분량, 디자인이 모두 달라질 수 있고 같은 질문이라도 그에 맞는 적절한 메시지가 회사마다 다를 수 있다. 하지만 이 세상 모든 보고서를 관통하는 공통점이 하나 있다. 바로 '보고서는 메시지로 시작해서 메시지로 끝난다'는 점이다. 따라서 보고서를 쓰는 요령, 기술을 잘 익히는 것도 중요하지만 궁극적으로는 해당 주제에 대한 전문성을 가지고 좋은 아이디어, 좋은 메시지를 전달하는 것에 집중해야 한다는 점을 꼭 명심하자.

좋은 아이디어, 좋은 메시지를 적시에 잘 생각해내려면 어떻게 해야 할까? 가장 기본이 되는 것은 본인의 업무나 회사의 사업에 대해 깊은 이해, 폭넓은 관점을 가지는 것이다. 해당 주제에 대해 남보다 많이 고민하고, 더 많은 지식과 경험을 쌓고, 미리 나만의 생각을 잘 정리해둔 상태라면 보고서는 알아서 잘 써지게 마련이다. 그저 보고서 잘 쓰는 법에 대한 표면적인 스킬을 배우는 것을 넘어서, 직장인으로서 좀 더 생각해봐야 할 것 2가지를 제안한다.

첫째, '동기 부여'다. 사람은 본인이 재미를 느끼고, 관심이 생기면 누가 시키지 않아도 알아서 더 공부하고 스스로 생각하는 경향이 있다. 알아서 더 공부하고 스스로 생각하는 사람은 당연히 남들보다 보고서도 더 잘 쓰고, 일도 더 잘할 확률이 높다. 그래서 현재의 직장이나 업무가 본인과 잘 맞는 것이 무척 중요하다. 제아무리 머리가 좋은 천재나 수재도 본인과 맞지 않은 일을 하면 평균 이하의 퍼포먼스를 낼 수 있다. 물론 직장 생활이라는 것이 먹고사는 문제가 달린 일이라 항상 나한테 딱 맞는 일만 하기는 쉽지 않다. 그럼에도 현재 내가 옳은 상황에 있는지, 더 나은 대안은 없을지를 꾸준히 고민해보는 것이 좋다. 그리고 내가 선택할 수 있는 범위 안에서 나와 더 잘 맞는 일, 더 나은 직장을 찾아 도전하는 노력도 중요하다.

둘째, '자신의 능력을 스스로 제한하지 않기'다. '내 업무는 여기까지야'라는 선을 명확하게 긋는 순간 본인의 성장은 거기서 멈출 수밖에 없다. 보고서를 쓸 때도 마찬가지다. 좋은 아이디어, 좋은 메시지는 보통 더 많은 정보를 가지고 더 넓은 관점으로 바라볼 때 생겨난다. 나 자신을 작은 영역에 가둬 놓고 학습 범위와 시야를 제한하면 진짜 좋은 아이디어, 좋은 메시지는 나오기 힘들다. 단순히 양식, 분량을 잘 맞춘다고 더 좋은 보고서를 쓸 수 있는 것이 아니다.

우리가 선택할 수 있는 삶은 2가지다. 하나는 남이 시키는 대로 수동적으로 일하고, 마지 못해 야근을 하며 살아가는 삶이다. 다른 하나는 스스로 주도적으로 일하고, 성과를 내서, 그에 따른 보상을 얻는 삶이다. 둘 중 하나를 골라야 한다면 어떤 삶을 선택할 것인가? 만약 후자의 삶을 원하는 사람이라면 이 책에서 소개한 다양한 보고서 작성 요령, 기술과 더불어 '동기 부여'와 '자신의 능력을 스스로 제한하지 않기'에 대해 고민해보기 바란다. 이 책에 담긴 내용이 보고서 작업으로 밤낮 고뇌하는 수많은 대한민국 직장인에게 연봉 상승의 밑거름이 되기를 바란다.

1단계	**보고서의 배경과 목적을 파악할 것** ⋯⋯⋯⋯⋯ 019
	① 최상위 목표 파악하기 ⋯⋯⋯⋯⋯⋯⋯⋯⋯⋯ 032
	② 작업 중간중간 동기화하기 ⋯⋯⋯⋯⋯⋯⋯⋯ 044
	③ 레버리지 활용하기 ⋯⋯⋯⋯⋯⋯⋯⋯⋯⋯⋯ 050

2단계	**본질을 꿰뚫는 킬러 메시지를 뽑아라** ⋯⋯⋯⋯ 063
	① 적절한 리서치 진행하기 ⋯⋯⋯⋯⋯⋯⋯⋯⋯ 076
	◇ 보고서의 성격에 맞는 조사 방법 찾기 ⋯⋯ 089
	◇ 재무제표 완전 정복 ⋯⋯⋯⋯⋯⋯⋯⋯⋯⋯ 105
	② 생각 구조화로 메시지 정리하기 ⋯⋯⋯⋯⋯ 114
	③ 올바른 분석과 의견 제시하기 ⋯⋯⋯⋯⋯⋯ 121

3단계	**제대로 포장하는 보고서 작성 스킬**	143
	① 워드형 보고서 쓰기	151
	② 슬라이드형 보고서 쓰기	159
	◇ 보고서, 5가지 차트로 끝낸다	167

4단계	**최종 보고 · 발표, 성공적으로 마무리하기**	189
	① 성공 확률을 높이는 사전 미팅, 프리와이어	197
	② 결론 먼저 말하기의 기술	202
	③ 빠른 결정을 위한 선택지 전략	208

<부록> **만능 템플릿**

다양한 보고서 작성에 활용할 수 있는 만능 템플릿을

오른쪽 QR코드를 통해 다운받을 수 있습니다.

연봉이 달라지는 실전 보고서 작성법

초판 발행 · 2024년 9월 11일

지은이 · 김영롱
발행인 · 이종원

발행처 · (주)도서출판 길벗
출판사 등록일 · 1990년 12월 24일
주소 · 서울시 마포구 월드컵로 10길 56(서교동)
대표전화 · 02) 332-0931 | **팩스** · 02) 323-0586
홈페이지 · www.gilbut.co.kr | **이메일** · gilbut@gilbut.co.kr

기획 및 책임편집 · 유나경(ynk@gilbut.co.kr) | **제작** · 이준호, 손일순, 이진혁
마케팅 · 정경원, 김진영, 조아현, 류효정 | **유통혁신** · 한준희
영업관리 · 김명자, 심선숙, 정경화 | **독자지원** · 윤정아

교정교열 · 최창욱 | **디자인 및 전산편집** · 말리북
CTP 출력 및 인쇄 · 예림인쇄 | **제본** · 예림바인딩

ISBN 979-11-407-1421-6 (03320)

(길벗도서번호 070535)

정가 18,000원

독자의 1초까지 아껴주는 길벗출판사

- (주)도서출판 길벗 IT교육서, IT단행본, 경제경영, 교양, 성인어학, 자녀교육, 취미실용 www.gilbut.co.kr
- 길벗스쿨 국어학습, 수학학습, 어린이교양, 주니어 어학학습, 학습단행본 www.gilbutschool.co.kr